Gyulladáscsökkentő Konyha kezdőknek

Egészségesebb Élet Ízletes Ételekkel

Anna Kovács

Összegzés

Fűszeres brokkoli, karfiol és tofu lilahagymával 16

Hozzávalók: 16

Javallatok: 16

Bab és lazac serpenyőben Adagok: 4 18

Hozzávalók: 18

Javallatok: 19

Sárgarépa leves Adagok: 4 20

Hozzávalók: 20

Javallatok: 21

Egészséges tésztasaláta adagok: 6 22

Hozzávalók: 22

Javallatok: 22

Csicseriborsó curry adagok: 4-6 24

Hozzávalók: 24

Javallatok: 25

Stroganoff darált hús hozzávalói: 26

Javallatok: 26

Szószos bordák adagok: 4 28

Hozzávalók: 28

Javallatok: 29

Tésztaleves csirkével és gluténmentes adagok: 4 30

Hozzávalók: 30

Lencse curry Adagok: 4 32

Hozzávalók: 32

Javallatok: 33

Rántott csirke és borsó Adagok: 4 34

Hozzávalók: 34

Javallatok: 35

Lédús brokkoli szardella mandulával Adagok: 6 36

Hozzávalók: 36

Javallatok: 36

Shiitake és spenótos pite adagok: 8 38

Hozzávalók: 38

Javallatok: 38

Brokkolis és karfiol saláta adagok: 6 40

Hozzávalók: 40

Javallatok: 41

Kínai csavart csirke saláta Adagok: 3 41

Hozzávalók: 42

Javallatok: 43

Amaránttal és quinoával töltött paprika, adagok: 4 43

Hozzávalók: 44

Ropogós halfilé sajthéjban Adagok: 4 46

Hozzávalók: 46

Javallatok: 46

Fehérjebab és zöld töltött héj 48

Hozzávalók: 48

Ázsiai tésztasaláta hozzávalói: 51

Javallatok: 51

Lazac és zöldbab adagok: 4 53

Hozzávalók: 53

Javallatok: 53

Töltött csirke sajt hozzávalókkal: 55

Javallatok: 56

Rakéta Gorgonzola öntettel, adagok: 4 57

Hozzávalók: 57

Javallatok: 57

Káposztaleves adagok: 6 59

Hozzávalók: 59

Karfiol rizs Adagok: 4 60

Hozzávalók: 60

Javallatok: 60

Feta és spenótos omlett Adagok: 4 61

Hozzávalók: 61

Javallatok: 61

Tüzes csirkefazék matricák hozzávalói: 63

Javallatok: 64

Fokhagymás garnélarák karfiol gratinnal Adagok: 2 65

Hozzávalók: 65

Javallatok: 66

Brokkolis tonhal adagok: 1 67

Hozzávalók: 67

Javallatok: 67

Sütőtök vajleves garnélarákkal Adagok: 4 68

Hozzávalók: 68

Javallatok: 69

Ízletes sült pulykafasírt Adagok: 6 70

Hozzávalók: 70

Javallatok: 70

Tiszta kagylólé adagok: 4 72

Hozzávalók: 72

Javallatok: 73

Csirke rizsedény adagok: 4 74

Hozzávalók: 74

Javallatok: 75

Jambalaya Jumble pirított garnélarák adagok: 4 77

Hozzávalók: 77

Chili csirke adagok: 6 79

Hozzávalók: 79

Javallatok: 80

Fokhagymás és lencseleves adagok: 4 81

Hozzávalók: 81

Santa Fe klasszikus rántott csirke és fűszeres cukkini 83

Hozzávalók: 83

Javallatok: 84

Tilapia taco egy fantasztikus gyömbéres szezám salátával 85

Hozzávalók: 85

Javallatok: 85

Curry lencse pörkölt Adagok: 4 87

Hozzávalók: 87

Javallatok: 87

Kelkáposzta cézár saláta grillezett csirkehússal, adagok: 2 89

Hozzávalók: 89

Javallatok: 90

Spenót-bab saláta Adagok: 1 91

Hozzávalók: 91

Javallatok: 91

Kérges lazac dióval és rozmaringgal, adagok: 6 92

Hozzávalók: 92

Javallatok: 93

Sült édesburgonya piros Tahini adagokkal: 4 94

Hozzávalók: 94

Javallatok: 95

Olasz nyári squash leves adagok: 4 96

Hozzávalók: 96

Javallatok: 97

Sáfrány- és lazacleves adagok: 4 98

Hozzávalók: 98

Garnélarák gombaleves Forró és savanyú ízű thai 100

Hozzávalók: 100

Javallatok: 101

Árpa szárított paradicsommal Hozzávalók: 102

Javallatok: 102

Gomba- és céklaleves adagok: 4 104

Hozzávalók: 104

Javallatok: 104

Parmezános csirkehúsgombóc Hozzávalók: 106

Javallatok: 106

Parmigiana húsgombóc Hozzávalók: 108

Javallatok: 109

Pulykamell serpenyőben barnított zöldségekkel 110

Hozzávalók: 110

Javallatok: 110

Kókuszzöld curry főtt rizzsel Adagok: 8 112

Hozzávalók: 112

Javallatok: 112

Édesburgonyás csirke lencseleves adagok: 6 114

Hozzávalók: 114

Javallatok: 114

Krémes sertéshús és paradicsom adagok: 4 116

Hozzávalók: 116

Javallatok: 116

Citromos filé Adagok: 2 118

Hozzávalók: 118

Csirke brokkolival, adagok: 4 120

Hozzávalók: 120

Javallatok: 120

Ropogós csirkefilé Adagok: 4 121

Hozzávalók: 121

Javallatok: 121

Sertéshús gombával és uborkával Adagok: 4 122

Hozzávalók: 122

Javallatok: 122

Csirkecomb Adagok: 4 124

Hozzávalók: 124

Javallatok: 124

Balzsames sült csirke adagok: 4 126

Hozzávalók: 126

Javallatok: 126

Steak és gomba Adagok: 4 128
Hozzávalók: 128
Javallatok: 128
Marhahús tippek Adagok: 4 129
Hozzávalók: 129
Javallatok: 129
Őszibarack csirke adagok: 4-5 131
Hozzávalók: 131
Javallatok: 131
Darált sertés serpenyős adagok: 4 133
Hozzávalók: 133
Javallatok: 134
Petrezselymes sertéshús és articsóka adagok: 4 135
Hozzávalók: 135
Javallatok: 136
Sertés kakukkfüves édesburgonyával Adagok: 4 137
Hozzávalók: 137
Javallatok: 138
Vegyes adag sertés curry: 4 139
Hozzávalók: 139
Javallatok: 139
Rántott csirke és brokkoli Adagok: 4 141
Hozzávalók: 141
Javallatok: 141
Csirke és brokkoli adagok: 4 143
Hozzávalók: 143
Javallatok: 144

Mediterrán csirkemell zöldségekkel Adagok: 4 145

Hozzávalók: 145

Javallatok: 145

Hidden Valley csirkedobos adagok: 6-8 147

Hozzávalók: 147

Javallatok: 147

Csirke és bab balzsamecettel Adagok: 4 149

Hozzávalók: 149

Javallatok: 149

Olasz sertéshús adagok: 6 151

Hozzávalók: 151

Javallatok: 152

Csirke és kelbimbó adagok: 4 153

Hozzávalók: 153

Javallatok: 153

A csirke kanapé hozzávalói: 154

Javallatok: 154

Csirke parmezán adagok: 4 155

Hozzávalók: 155

Javallatok: 155

Pazar indiai csirke curry adagok: 6 157

Hozzávalók: 157

Javallatok: 158

Sertés balzsamos hagymaszósszal Adagok: 4 160

Hozzávalók: 160

Javallatok: 160

Hozzávalók: 161

Javallatok: 162

Sertés körtével és gyömbérrel, adagok: 4 163

Hozzávalók: 163

Javallatok: 163

Vajas csirke adagok: 6...165

Hozzávalók: 165

Javallatok: 165

Fűszeres csirkeszárny adagok: 4-5 166

Hozzávalók: 166

Javallatok: 166

Csirke, tészta és hóborsó Adagok: 1-2 167

Hozzávalók: 167

Javallatok: 167

Hozzávalók: 168

Javallatok: 169

Sárgabarack csirkeszárny adagok: 3-4 170

Hozzávalók: 170

Javallatok: 170

Csirkecombok Adagok: 4 172

Hozzávalók: 172

Javallatok: 172

Ropogós csirke rögök Adagok: 4..173

Hozzávalók: 173

Javallatok: 173

Champion csirke zsebek adagok: 4 175

Hozzávalók: 175

Javallatok: 175

Grillezett csirke nuggets Adagok: 4 176
Hozzávalók: 176
Javallatok: 177
Vegyes adag csirke és retek: 4 178
Hozzávalók: 178
Javallatok: 178
Csirke Katsu adagok: 4 179
Hozzávalók: 179
Javallatok: 180
Csirke és édesburgonya pörkölt adagok: 4 181
Hozzávalók: 181
Javallatok: 181
Marhaborda rozmaringgal Adagok: 4 183
Hozzávalók: 183
Javallatok: 183
Csirke, paprika és spenótos omlett adagok: 8 185
Hozzávalók: 185
Javallatok: 185
Dal sült csirke adagok: 4 187
Hozzávalók: 187
Javallatok: 187
Taquitos csirke adagok: 6 189
Hozzávalók: 189
Javallatok: 189
Oregánó sertéshús adagok: 4 191
Hozzávalók: 191
Javallatok: 192

Sült avokádós csirke adagok: 4 193

Hozzávalók: 193

Javallatok: 193

Sült kacsamell öt fűszerrel Adagok: 4 195

Hozzávalók: 195

Javallatok: 195

Sertésszelet paradicsomszósszal Adagok: 4 197

Hozzávalók: 197

Javallatok: 198

Toszkán csirke paradicsommal, olajbogyóval és cukkinivel 199

Hozzávalók: 199

Javallatok: 200

Sertés saláta adagok: 4 201

Hozzávalók: 201

Javallatok: 202

Lime sertéshús és zöldbab adagok: 4 203

Hozzávalók: 203

Javallatok: 204

Csirkemell adagok: 4 205

Hozzávalók: 205

Javallatok: 205

Sertéshús chili cukkinivel és paradicsommal Adagok: 4 206

Hozzávalók: 206

Javallatok: 207

Sertéshús olajbogyóval Adagok: 4 208

Hozzávalók: 208

Javallatok: 208

Lazac és kapor pástétom 210

Hozzávalók: 210

Javallatok: 210

Chai fűszeres sült alma adagok: 5 211

Hozzávalók: 211

Javallatok: 211

Ropogós barack adagok: 6 213

Hozzávalók: 213

Javallatok: 213

Őszibarack mártogatós adagok: 2 215

Hozzávalók: 215

Javallatok: 215

Sárgarépa keksz és tökmag adagok: 40 keksz 216

Hozzávalók: 216

Javallatok: 216

Avokádó krumpli adagok: 8 218

Hozzávalók: 218

Javallatok: 219

Fűszeres brokkoli, karfiol és tofu lilahagymával

Adagok: 2

Főzési idő: 25 perc

Hozzávalók:

2 csésze brokkoli rózsa

2 csésze karfiol rózsa

1 közepes vöröshagyma, felkockázva

3 evőkanál extra szűz olívaolaj

1 teáskanál sót

¼ teáskanál frissen őrölt fekete bors

1 font kemény tofu, 1 hüvelykes kockákra vágva

1 gerezd fokhagyma, felaprítva

1 darab (¼ hüvelyk) friss gyömbér, darálva

Javallatok:

1. A sütőt 200°C-ra előmelegítjük.

2. Keverje össze a brokkolit, a karfiolt, a hagymát, az olajat, a sót és a borsot egy nagy peremes tepsiben, és jól keverje össze.

3. 10-15 percig sütjük, amíg a zöldségek megpuhulnak.

4. Adjuk hozzá a tofut, a fokhagymát és a gyömbért. 10 percen belül megsütjük.

5. Óvatosan keverje össze a hozzávalókat a serpenyőben, hogy a tofut a zöldségekkel egyesítse, és tálalja.

Tápanyag-információ:Kalória 210 Összes zsír: 15 g Összes szénhidrát: 11 g Cukor: 4 g Rost: 4 g Fehérje: 12 g Nátrium: 626 mg

Bab és lazac serpenyőben Adagok: 4

Főzési idő: 25 perc

Hozzávalók:

1 csésze konzerv feketebab, lecsepegtetve és leöblítve 4 gerezd fokhagyma, darálva

1 db sárgahagyma apróra vágva

2 evőkanál olívaolaj

4 lazac filé, kicsontozva

½ teáskanál koriander, őrölt

1 teáskanál kurkuma por

2 paradicsom, felkockázva

½ csésze csirkehúsleves

Egy csipet só és fekete bors

½ teáskanál köménymag

1 evőkanál metélőhagyma, darálva

Javallatok:

1. Melegíts fel egy serpenyőt az olajjal közepes lángon, add hozzá a hagymát és a fokhagymát, és pirítsd 5 percig.

2. Adja hozzá a halat, és süsse mindkét oldalát 2 percig.

3. Adjuk hozzá a babot és a többi hozzávalót, óvatosan keverjük össze és főzzük további 10 percig.

4. A keveréket tányérokra osztjuk, és azonnal ebédre tálaljuk.

Tápanyag-információ:kalória 219, zsír 8, rost 8, szénhidrát 12, fehérje 8

Sárgarépa leves Adagok: 4

Főzési idő: 40 perc

Hozzávalók:

1 csésze vaj tök apróra vágva

1 evőkanál. Olivaolaj

1 evőkanál. Kurkuma por

14 1/2 oz. Kókusztej, könnyű

3 csésze sárgarépa, apróra vágva

1 póréhagyma, leöblítve és felszeletelve

1 evőkanál. Reszelt gyömbér

3 csésze zöldségleves

1 csésze édeskömény, apróra vágva

Só és bors, ízlés szerint

2 gerezd fokhagyma, felaprítva

Javallatok:

1. Kezdje egy holland sütő melegítésével közepesen magas hőfokon.

2. Adjuk hozzá az olajat és adjuk hozzá az édesköményt, a cukkinit, a sárgarépát és a póréhagymát. Jól összekeverni.

3. Most pároljuk 4-5 percig, vagy amíg megpuhul.

4. Ezután adjuk hozzá a kurkumát, a gyömbért, a borsot és a fokhagymát. Főzzük további 1-2 percig.

5. Ezután öntsük rá a húslevest és a kókusztejet. Jól összedolgozzuk.

6. Ezután forraljuk fel a keveréket, és fedjük le a holland sütőt.

7. Pároljuk 20 percig.

8. Ha megfőtt, tegye át a keveréket egy turmixgépbe nagy sebességgel, és turmixolja 1-2 percig, vagy amíg sima, krémes levest nem kap.

9. Ellenőrizze a fűszerezést, és ha szükséges, sózzon és borsozzon.

Tápanyag-információ:Kalória: 210,4 Kcal Fehérjék: 2,11 g Szénhidrát: 25,64 g Zsírok: 10,91 g

Egészséges tésztasaláta adagok: 6

Főzési idő: 10 perc

Hozzávalók:

1 csomag gluténmentes fusilli

1 csésze koktélparadicsom, szeletelve

1 marék friss koriander apróra vágva

1 csésze olajbogyó, félbevágva

1 csésze friss bazsalikom, apróra vágva

½ csésze olívaolaj

Tengeri só ízlés szerint

Javallatok:

1. Keverje össze az olívaolajat, az apróra vágott bazsalikomot, a koriandert és a tengeri sót.

Lezár ügyet.

2. Főzzük meg a tésztát a csomagoláson található utasítások szerint, szűrjük le és öblítsük le.

3. A tésztát összekeverjük a paradicsommal és az olajbogyóval.

4. Adjuk hozzá az olívaolajos keveréket, és keverjük, amíg jól el nem keveredik.

Tápanyag-információ:Összes szénhidrát 66 g élelmi rost: 5 g fehérje: 13 g teljes zsír: 23 g kalória: 525

Csicseriborsó curry adagok: 4-6

Főzési idő: 25 perc

Hozzávalók:

2 × 15 oz. Csicseriborsó megmosva, lecsepegve és megfőzve 2 ek. Olivaolaj

1 evőkanál. Kurkuma por

½ 1 hagyma, kockára vágva

1 teáskanál. Cayenne, a parton

4 gerezd fokhagyma, felaprítva

2 tk. Csilipor

15 oz paradicsompüré

Fekete bors, ízlés szerint

2 evőkanál. Paradicsom szósz

1 teáskanál. Cayenne, a parton

½ evőkanál. juharszirup

½ 15 oz. doboz kókusztej

2 tk. Kömény, őrölt

2 tk. Füstölt paprika

Javallatok:

1. Melegíts fel egy nagy serpenyőt közepesen magas lángon. Ehhez kanalazzuk az olajba.

2. Amikor az olaj felforrósodik, hozzáadjuk a hagymát, és 3-4 percig főzzük

percig vagy amíg megpuhul.

3. Ezután adjuk hozzá a paradicsompürét, a juharszirupot, az összes fűszert, a paradicsompürét és a fokhagymát. Jól összekeverni.

4. Ezután adjuk hozzá a főtt csicseriborsót a kókusztejjel, a fekete borssal és a sóval együtt.

5. Most jól keverjük össze az egészet, és hagyjuk 8-10 percig főni

percig, vagy amíg be nem sűrűsödik.

6. Öntsük fel lime levével, és ízlés szerint díszítsük korianderrel.

Tápanyag-információ:Kalória: 224 Kcal Fehérjék: 15,2 g Szénhidrát: 32,4 g Zsírok: 7,5 g

Stroganoff darált hús hozzávalói:

1 kg sovány darált hús

1 kis kockára vágott hagyma

1 gerezd darált fokhagyma

3/4 lb frissen vágott gomba

3 evőkanál lisztet

2 csésze marhahúsleves

Só és bors ízlés szerint

2 teáskanál Worcestershire szósz

3/4 csésze forró tejszín

2 evőkanál friss petrezselyem

Javallatok:

1. Sötét őrölt burger, hagyma és fokhagyma (ügyelve, hogy ne repedjen meg a tetején) egy tányérban, amíg már nem rózsaszín. Kövér csatorna.

2. Beletesszük a felszeletelt gombát, és 2-3 percig főzzük. Keverjük össze a lisztet, és főzzük 1 percig fokozatosan.

3. Adjunk hozzá alaplét, Worcestershire szószt, sót és borsot, és forraljuk fel. Csökkentse a hőt, és lassú tűzön párolja 10 percig.

Főzzük meg a tojásos tésztát a kötegcímek szerint.

4. A húsos keveréket levesszük a tűzről, belekeverjük a forró tejszínt és a petrezselymet.

5. A tojásos tésztára tálaljuk.

Szószos bordák adagok: 4

Főzési idő: 65 perc

Hozzávalók:

2 font. marhaborda

1 és fél evőkanál olívaolaj

1 és fél evőkanál szójaszósz

1 evőkanál Worcestershire szósz

1 evőkanál stevia

1 ¼ csésze apróra vágott hagyma.

1 teáskanál darált fokhagyma

1/2 pohár vörösbor

⅓ csésze ketchup, cukrozatlan

Só és fekete bors ízlés szerint

Javallatok:

1. Vágja a bordákat 3 részre, és dörzsölje be fekete borssal és sóval.

2. Adjon hozzá olajat az Instant Pot-hoz, és nyomja meg a Sauté gombot.

3. Tegye a bordákat az olajba, és süsse 5 percig mindkét oldalát.

4. Adjuk hozzá a hagymát és pirítsuk 4 percig.

5. Adjuk hozzá a fokhagymát, és főzzük 1 percig.

6. A többi hozzávalót keverjük össze egy tálban, és öntsük a bordákra.

7. Tegye rá a fedőt, és főzze 55 percig kézi nagynyomású üzemmódban.

8. Ha végzett, engedje el a nyomást természetesen, majd vegye le a fedelet.

9. Forrón tálaljuk.

Tápanyag-információ:Kalória 555, szénhidrát 12,8 g, fehérje 66,7 g, zsír 22,3 g, rost 0,9 g

Tésztaleves csirkével és gluténmentes adagok:

4

Főzési idő: 25 perc

Hozzávalók:

¼ csésze extra szűz olívaolaj

3 szár zeller, ¼ hüvelykes szeletekre vágva

2 közepes sárgarépa ¼ hüvelykes kockákra vágva

1 kis hagyma ¼ hüvelykes kockákra vágva

1 szál friss rozmaring

4 csésze csirkehúsleves

8 uncia gluténmentes penne

1 teáskanál sót

¼ teáskanál frissen őrölt fekete bors

2 csésze kockára vágott rotisserie csirke

¼ csésze finomra vágott friss lapos petrezselyemJavallatok:

1. Egy nagy edényben nagy lángon felhevítjük az olajat.

2. Adjuk hozzá a zellert, a sárgarépát, a hagymát és a rozmaringot, és pároljuk, amíg megpuhul, 5-7 percig.

3. Adjuk hozzá a húslevest, a pennét, sózzuk, borsozzuk, és forraljuk fel.

4. Pároljuk, amíg a penne megpuhul, 8-10 percig.

5. Távolítsa el és dobja ki a rozmaringágat, majd adja hozzá a csirkét és a petrezselymet.

6. Csökkentse a hőt alacsonyra. 5 percen belül főzzük és tálaljuk.

Tápanyag-információ:Kalória 485 Összes zsír: 18 g Összes szénhidrát: 47 g Cukor: 4 g Rost: 7 g Fehérje: 33 g Nátrium: 1423 mg

Lencse curry Adagok: 4

Főzési idő: 40 perc

Hozzávalók:

2 tk. Mustármagok

1 teáskanál. Kurkuma, őrölt

1 csésze lencse, beáztatva

2 tk. Köménymag

1 paradicsom, nagy és apróra vágva

1 sárga hagyma, finomra vágva

4 csésze vizet

Tengeri só, ízlés szerint

2 sárgarépa félholdokra vágva

3 marék spenótlevél apróra vágva

1 teáskanál. Gyömbér, apróra vágva

½ tk. Csilipor

2 evőkanál. Kókuszolaj

Javallatok:

1. Először helyezze a mungóbabot és a vizet egy mély serpenyőbe, közepesen magas lángon.

2. Most forraljuk fel a babkeveréket, és hagyjuk forrni.

3. Pároljuk 20-30 percen belül, vagy amíg a mungóbab megpuhul.

4. Ezután egy nagy serpenyőben közepes lángon felhevítjük a kókuszolajat, majd hozzáadjuk a mustármagot és a köménymagot.

5. Ha a mustármag szétreped, tedd bele a hagymát. 4-ig megdinszteljük a hagymát

percig vagy amíg megpuhul.

6. Adjuk hozzá a fokhagymát, és pirítsuk tovább egy percig.

Ha már aromás, hozzáadjuk a kurkumát és a chiliport.

7. Ezután adjuk hozzá a sárgarépát és a paradicsomot: főzzük 6 percig, vagy amíg megpuhul.

8. Végül hozzáadjuk a főtt lencsét, és az egészet jól összekeverjük.

9. Keverje hozzá a spenótleveleket, és pirítsa, amíg megfonnyad. Vegyük le a tűzről. Forrón tálaljuk és élvezzük az ételt.

Tápanyag-információ: Kalória 290 Kcal Fehérjék: 14 g Szénhidrát: 43 g Zsírok: 8 g

Rántott csirke és borsó Adagok: 4

Főzési idő: 10 perc

Hozzávalók:

1 1/4 csésze csont nélküli, bőr nélküli csirkemell, vékonyra szeletelve 3 evőkanál friss koriander apróra vágva

2 evőkanál növényi olaj

2 evőkanál szezámmag

1 csokor medvehagyma, vékonyra szeletelve

2 teáskanál Sriracha

2 gerezd fokhagyma, felaprítva

2 evőkanál rizsecet

1 kaliforniai paprika, vékonyra szeletelve

3 evőkanál szójaszósz

2 1/2 csésze hasított borsó

Só ízlés szerint

Frissen őrölt fekete bors, ízlés szerint

Javallatok:

1. Egy serpenyőben közepes lángon hevítsük fel az olajat. Adjuk hozzá a fokhagymát és a vékonyra szeletelt mogyoróhagymát. Főzzük egy percig, majd adjunk hozzá 2 1/2 csésze hasított borsót a kaliforniai paprikával együtt. Főzzük puhára, körülbelül 3-4 percig.

2. Adjuk hozzá a csirkét, és főzzük körülbelül 4-5 percig, vagy amíg meg nem fő.

3. Adjunk hozzá 2 teáskanál Sriracha-t, 2 evőkanál szezámmagot, 3

evőkanál szójaszósz és 2 evőkanál rizsecet. Keverjük össze mindent, amíg jól össze nem áll. 2-3 percen belül lassú tűzön pároljuk.

4. Adjunk hozzá 3 evőkanál apróra vágott koriandert, és jól keverjük össze. Tegye át, és szórja meg extra szezámmaggal és korianderrel, ha szükséges. Élvezd!

Tápanyag-információ:228 kalória 11 g zsír 11 g összes szénhidrát 20 g fehérje

Lédús brokkoli szardella mandulával Adagok: 6

Főzési idő: 10 perc

Hozzávalók:

2 csokor brokkoli, vágva

1 evőkanál extra szűz olívaolaj

1 hosszú friss pirospaprika, kimagozva, apróra vágva 2 gerezd fokhagyma, vékonyra szeletelve

¼ csésze természetes mandula, durvára vágva

2 teáskanál citromhéj, finomra reszelve

Egy csipetnyi friss citromlé

4 szardella olajban, darálva

Javallatok:

1. Egy nagy serpenyőben forrósítsuk fel az olajat. Hozzáadjuk a lecsöpögtetett szardellat, a fokhagymát, a chilipaprikát és a citromhéjat. 30-ig aromásig főzzük

másodpercig, gyakran kevergetve. Adjuk hozzá a mandulát, és gyakori kevergetés mellett főzzük még egy percig. Vegyük le a tűzről, és adjunk hozzá egy csipetnyi friss citromlevet.

2. Ezután tegye a brokkolit egy gőzölő kosárba, amely egy serpenyőben forró víz fölött van. Fedjük le és süssük ropogósra, 2-ig

3 percnél. Jól leszűrjük, majd áttesszük egy nagy tálba. Egészítsd ki a mandulás keverékkel. Élvezd.

Tápanyag-információ:kcal 350 Zsír: 7 g Rost: 3 g Fehérje: 6 g

Shiitake és spenótos pite adagok: 8

Főzési idő: 15 perc

Hozzávalók:

1 1/2 csésze shiitake gomba, darálva

1 1/2 csésze spenót, apróra vágva

3 gerezd fokhagyma, felaprítva

2 hagyma, apróra vágva

4 tk. olivaolaj

1 tojás

1 1/2 csésze quinoa, főtt

1 1/2 tk. olasz salátaöntet

1/3 csésze pirított napraforgómag, őrölt

1/3 csésze pecorino, reszelve

Javallatok:

1. Egy serpenyőben felforrósítjuk az olívaolajat. Ha felforrósodott, pároljuk a shiitake gombát 3 percig, vagy amíg enyhén megpirulnak. Adjuk hozzá a

fokhagymát és a hagymát. Pároljuk 2 percig, vagy amíg illatos és áttetsző lesz. Lezár ügyet.

2. Ugyanabban a serpenyőben melegítse fel a maradék olívaolajat. Adjuk hozzá a spenótot. Csökkentse a hőt, majd párolja 1 percig, csepegtesse le, és tegye át egy szűrőedénybe.

3. A spenótot apróra vágjuk, és a gombás keverékhez adjuk. Adjuk hozzá a tojást a spenótos keverékhez. Hajtsa bele a főtt quinoa-dresszt olasz fűszerezéssel, majd keverje jól össze. Megszórjuk napraforgómaggal és sajttal.

4. Osszuk pogácsákra a spenótos keveréket – főzzünk pogácsákat 5-en belül

percig, vagy amíg szilárd és aranybarna nem lesz. Burger kenyérrel tálaljuk.

Tápanyag-információ:Kalória 43 Szénhidrát: 9 g Zsír: 0 g Fehérje: 3 g

Brokkolis és karfiol saláta adagok: 6

Főzési idő: 20 perc

Hozzávalók:

¼ tk. Fekete bors, őrölt

3 csésze karfiol rózsa

1 evőkanál. Ecet

1 teáskanál. édesem

8 csésze káposzta, felaprítva

3 csésze brokkoli rózsa

4 evőkanál. Extra szűz olívaolaj

½ teáskanál. só

1 1/2 tk. dijoni mustár

1 teáskanál. édesem

½ csésze szárított cseresznye

1/3 csésze pekándió, apróra vágva

1 csésze Manchego sajt, borotvált

Javallatok:

1. Melegítse elő a sütőt 450° F-ra, és tegyen egy serpenyőt a középső rácsra.

2. Ezután helyezze a karfiolt és a brokkoli rózsákat egy nagy tálba.

3. Ehhez adjuk hozzá a só felét, két evőkanál olajat és borsozzuk. Jól öntsd.

4. Most helyezze át a keveréket az előmelegített serpenyőbe, és süsse 12 percig, közben egyszer megforgatja.

5. Ha megpuhult és aranybarna, vegyük ki a sütőből, és hagyjuk teljesen kihűlni.

6. Közben egy másik tálban keverjük össze a maradék két evőkanál olajat, ecetet, mézet, mustárt és sót.

7. Kenjük meg ezzel a keverékkel a káposztaleveleket, kézzel masszírozzuk a leveleket. Tedd félre 3-5 percre.

8. Végül a brokkolis és karfiol salátához adjuk a sült zöldségeket, a sajtot, a meggyet és a pekándiót.

Tápanyag-információ:Kalória: 259 Kcal Fehérjék: 8,4 g Szénhidrát: 23,2 g Zsírok: 16,3 g

Kínai csavart csirke saláta Adagok: 3

Főzési idő: 25 perc

Hozzávalók:

1 közepes zöldhagyma (vékonyra szeletelve)

2 csont nélküli csirkemell

2 evőkanál szójaszósz

¼ teáskanál fehér bors

1 evőkanál szezámolaj

4 csésze római saláta (apróra vágva)

1 csésze káposzta (apróra vágva)

¼ csésze apró kockára vágott sárgarépa

¼ csésze vékonyra szeletelt mandula

¼ csésze tészta (csak tálaláshoz)

A kínai fűszerezés elkészítéséhez:

1 gerezd darált fokhagyma

1 teáskanál szójaszósz

1 evőkanál szezámolaj

2 evőkanál rizsecet

1 evőkanál cukor

Javallatok:

1. Készítsd el a kínai fűszerezést úgy, hogy az összes hozzávalót egy tálban összekevered.

2. Egy tálban 20 percig pácoljuk a csirkemelleket a fokhagymában, az olívaolajban, a szójaszószban és a fehér borsban.

3. Helyezze a tálcát az előmelegített sütőbe (225°C-ra).

4. Tegye a csirkemelleket a serpenyőbe, és süsse majdnem 20 percig

percek.

5. A saláta összeállításához keverje össze a római salátát, a kelkáposztát, a sárgarépát és a zöldhagymát.

6. Tálaláskor tegyünk egy darab csirkét egy tányérra, és tegyük rá a salátát. Öntsük rá az öntet egy részét a tésztával együtt.

Tápanyag-információ:Kalória 130 szénhidrát: 10 g zsír: 6 g fehérje: 10 g

Amaránttal és quinoával töltött paprika, adagok: 4

Főzési idő: 1 óra 10 perc

Hozzávalók:

2 evőkanál Amarant

1 közepes cukkini, meghámozva, lereszelve

2 érett paradicsom, kockákra vágva

2/3 csésze (kb. 135 g) quinoa

1 hagyma, közepes méretű, apróra vágva

2 gerezd zúzott fokhagyma

1 teáskanál őrölt kömény

2 evőkanál enyhén pirított napraforgómag 75 g friss ricotta

2 evőkanál ribizli

4 kaliforniai paprika, nagy, hosszában félbe vágva és kimagozva 2 evőkanál lapos petrezselyem, durvára vágvaJavallatok:

1. Béleljen ki egy tepsit, lehetőleg egy nagyobbat, sütőpapírral (nem tapadó), majd előzetesen melegítse elő a sütőt 350 F-ra. Tölts meg egy közepes méretű serpenyőt körülbelül fél liter vízzel, majd add hozzá az amarantot és a quinoát; mérsékelt lángon felforraljuk. Ha kész, csökkentse a hőt alacsonyra; fedjük le, és pároljuk, amíg a szemek al dente nem lesznek és a víz felszívódik, 12-15

percek. Levesszük a tűzről és félretesszük.

2. Közben egy nagy serpenyőt enyhén kikenünk olajjal, és közepes lángon felhevítjük. Ha felforrósodott, hozzáadjuk a hagymát és a cukkinit, és gyakran kevergetve pár percig puhára főzzük. Adjuk hozzá a köményt és a fokhagymát; egy percig főzzük. Levesszük a tűzről és félretesszük hűlni.

3. Tedd egy nagy tálba a gabonapelyheket, a hagymás keveréket, a napraforgómagot, a ribizlit, a petrezselymet, a ricottát és a paradicsomot; a hozzávalókat jól összekeverjük, ízlés szerint borssal és sóval ízesítjük.

4. Töltsük meg a paprikát az elkészített quinoa keverékkel, és helyezzük el sütőlapra, alufóliával letakarva – 17-20 percig sütjük

percek. Levesszük a fóliát, és további 15-20 percig sütjük, amíg a töltelék aranybarna nem lesz, a zöldségek pedig megpuhulnak.

Tápanyag-információ:kcal 200 Zsír: 8,5 g Rost: 8 g Fehérje: 15 g

Ropogós halfilé sajthéjban Adagok: 4

Főzési idő: 10 perc

Hozzávalók:

¼ csésze teljes kiőrlésű zsemlemorzsa

¼ csésze reszelt parmezán

¼ teáskanál tengeri só ¼ teáskanál őrölt bors

1 evőkanál. olívaolaj 4 tilápia filé

Javallatok:

1. A sütőt előmelegítjük 170°C-ra.

2. Keverje össze a zsemlemorzsát, a parmezánt, a sót, a borsot és az olívaolajat egy keverőtálban.

3. Jól keverje össze, amíg homogén keveréket nem kap.

4. Kenjük be a filéket a keverékkel és tegyük egy enyhén megszórt tepsire.

5. Helyezze a serpenyőt a sütőbe.

6. Főzzük 10 percig, amíg a filé megpuhul és megpirul.

Tápanyag-információ:Kalória: 255 Zsír: 7 g Fehérje: 15,9 g Szénhidrát: 34 g

Rost: 2,6 g

Fehérjebab és zöld töltött héj

Hozzávalók:

Eredeti vagy tengeri só

Olivaolaj

12 oz. köteg hasonló méretű kagyló (kb. 40 db) 1 font keményített hasított spenót

2 vagy 3 gerezd fokhagyma, meghámozva és felosztva

15-16 oz. ricotta sajt cheddar (ideálisan teljes/teljes tej) 2 tojás

1 doboz fehérbab (például cannellini bab), kisült és lecsepegtetve

½ C zöld pesto, egyedi vagy helyben vásárolt Őrölt fekete bors

3 C (vagy több) marinara szósz

Parmezán vagy cheddar őrölt pecorino (elhagyható)Javallatok:

1. Legalább 5 liter vizet melegíts forrásig egy hatalmas fazékban (vagy dolgozd fel két kisebb csomóba). Adjunk hozzá egy evőkanál sót, egy csepp olívaolajat és a kagylókat. Körülbelül 9 percig forraljuk (vagy egészen addig, amíg nagyon kemény nem lesz), szórványosan megkeverve, hogy a héjak elkülönüljenek. Finoman öntse a héjakat egy szűrőedénybe, vagy egy nyitott kanállal szedje ki a vízből. Gyorsan mossa le hideg vízzel. Béleljen ki egy

peremes fűtőlapot műanyag fóliával. Abban a pillanatban, amikor a kagylók kellően lehűlnek a feldolgozáshoz, kézzel válasszuk szét őket, engedjük le a felesleges vizet, és nyissunk egy réteget az óntartályon. Gyakorlatilag kihűlés után fokozatosan kenjük be fóliával.

2. Tegyünk pár liter vizet (vagy használjuk a maradék vizet a tésztához, ha még nem csöpögtettük le) egy hasonló edénybe. Adjuk hozzá a megszilárdult spenótot, és főzzük három percig magas hőmérsékleten, amíg megpuhul. Bélelje ki a szűrőedényt átázott papírtörlővel, ha a nyílások hatalmasak, majd öntsük bele a spenótot. Tegye a szűrőedényt egy tál fölé, hogy a töltés megkezdésekor több fogyjon.

3. Csak a fokhagymát tedd egy robotgépbe, és addig dolgozd, amíg finomra vágod és az oldalához nem tapad. Kaparjuk le a tál oldalát, majd adjunk hozzá ricottát, tojást, babot, pesto-t, 1½

teáskanál sót és néhány szál borsot (nagyon nyomkodva). Nyomd a kezedbe a spenótot, hogy a felesleges víz jól lecsepegtesse, majd adj hozzá további hozzávalókat a robotgépbe. Futtasd, amíg gyakorlatilag simára nem válik, néhány darab spenót még mindig látható. A nyers tojás hozzáadása után nem szoktam megkóstolni, hanem ha úgy gondolja, hogy egy kicsit az alapíze, és ízlés szerint módosítom az ízesítést.

4. Melegítse elő a grillsütőt 350 (F)-ra, és zuhanyozzon le, vagy finoman olajozzon be egy 9 x 13"-es

serpenyő, plusz még egy kisebb tál gulyás (kb. 8-10 kagyló nem fér bele a 9 x 13-ba). A kagylók kitöltéséhez válasszon minden héjat, és tartsa nyitva a nem domináns keze hüvelyk- és mutatóujjával. A másik kezével megtöltve szedjen fel 3-4 evőkanálnyi mennyiséget, és kaparjon bele a héjba. A legtöbb nem fog jól kinézni, ami rendben van! Helyezze a megtöltött héjakat egymáshoz közel az előkészített edénybe. Öntsük a szószt a héjakra, összetéveszthetetlen zöld töltelékdarabokat hagyva. Terjessze ki az edényt a gáttal, és forralja 30 percig. Növelje a hőt 375 fokra, szórja meg a héjakat őrölt parmezánnal (ha használ), és melegítse további 5 percig.

10 percig, amíg a cheddar megolvad és a bőséges nedvesség csökken.

5. Hűtsük le 5-10 percig, majd utólag tálaljuk önmagában vagy egy friss tányér vegyes zöldséggel!

Ázsiai tésztasaláta hozzávalói:

8 uncia könnyű hosszúságú teljes kiőrlésű tészta - például spagetti (használjon soba tésztát, hogy gluténmentes legyen) 24 uncia Mann Cole Slaw brokkoli - 2 12 uncia zacskó 4 uncia őrölt sárgarépa

1/4 csésze extra szűz olívaolaj

1/4 csésze rizsecet

3 evőkanál nektár: Használjon könnyű agave nektárt a zöldségek szerelmeseinek elkészítéséhez

3 evőkanál sima mogyorókrém

2 evőkanál alacsony nátriumtartalmú szójaszósz - szükség esetén gluténmentes 1 evőkanál Sriracha chili szósz - vagy fokhagymás chili szósz, plusz ízlés szerint

1 evőkanál darált új gyömbér

2 teáskanál darált fokhagyma - körülbelül 4 gerezd 3/4 csésze grillezett, sózatlan földimogyoró - általában darált 3/4 csésze friss koriander - apróra vágva

Javallatok:

1. Egy hatalmas fazék sós vizet melegítsen forráspontig. Főzzük a tésztát kissé keményre, a kötegfejek szerint. Csöpögtessük le, és gyorsan öblítsük le

hideg vízzel, hogy kiürítsük a felesleges keményítőt, és hagyjuk abba a főzést, majd tegyük át egy nagy tálba. Tegye bele a brokkolis salátát és a sárgarépát.

2. Amíg a tészta fő, keverjük össze az olívaolajat, a rizsecetet, a nektárt, a mogyorókrémet, a szójaszószt, a Sriarchát, a gyömbért és a fokhagymát. Ráöntjük a tésztás keverékre, és keményre verjük. Tegye bele a mogyorót és a koriandert, és dobja újra. Tálaljuk lehűtve vagy szobahőmérsékleten extra Sriracha szósszal ízlés szerint.

3. Megjegyzések a képlethez

4. Ázsiai tésztasaláta tálalható hidegen vagy szobahőmérsékleten.

Legfeljebb 3 napig tárolható a hűtőben légmentes/vízálló tartóban.

Lazac és zöldbab adagok: 4

Főzési idő: 26 perc

Hozzávalók:

2 evőkanál olívaolaj

1 db sárgahagyma apróra vágva

4 lazac filé, kicsontozva

1 csésze zöldbab vágva és félbevágva

2 gerezd fokhagyma, felaprítva

½ csésze csirkehúsleves

1 teáskanál chili por

1 teáskanál édes paprika

Egy csipet só és fekete bors

1 evőkanál koriander, apróra vágva

Javallatok:

1. Melegíts fel egy serpenyőt az olajjal közepes lángon, add hozzá a hagymát, keverd meg és pirítsd 2 percig.

2. Adja hozzá a halat, és süsse mindkét oldalát 2 percig.

3. Adja hozzá a többi hozzávalót, óvatosan keverje össze, és főzzön mindent 360 F-on 20 percig.

4. Mindent elosztunk a tányérok között, és tálaljuk ebédre.

Tápanyag-információ:kalória 322, zsír 18,3, rost 2, szénhidrát 5,8, fehérje 35,7

Töltött csirke sajt hozzávalókkal:

2 medvehagyma (sovány vágva)

2 mag nélküli jalapeño (sovány vágva)

1/4 c. koriander

1 teáskanál. lime pizza

4 oz. Monterey Jack cheddar (durvára őrölt) 4 csont nélküli, bőr nélküli csirkemell

3 evőkanál. olivaolaj

só

Bors

3 evőkanál. zöld-citrom lé

2 karikapaprika (apróra vágva)

1/2 vöröshagyma (soványra vágva)

5 c. tépett római saláta

Javallatok:

1. Melegítse fel a grillt 450°F-ra. Egy tálban összedolgozzuk a mogyoróhagymát és a mag nélküli jalapenót, a 1/4 csésze koriandert (szeletekre vágva) és a lime-ot, majd feldobjuk a Monterey Jack cheddarral.

2. Integrálja a pengét a kicsontozott, bőr nélküli csirkemell legvastagabb darabjába, és mozgassa előre-hátra, hogy hozzon létre egy 2 1/2 hüvelykes zsebet, amely tapasztalat nélkül a lehető legnagyobb. Töltsük meg a csirkét a cheddar keverékkel.

3. Egy hatalmas serpenyőben közepes lángon hevíts fel 2 evőkanál olívaolajat.

Ízesítse a csirkét sóval és borssal, és süsse 3-4 percig, amíg a legsötétebb és legfényesebb lesz az egyik oldalán. Fordítsa meg a csirkét, és süsse 10-12 percig, amíg meg nem fő.

4. Közben egy nagy tálban keverjük össze a lime levét, 1

evőkanál olívaolaj és 1/2 teáskanál só. Adjuk hozzá a paprikát és a lilahagymát, és hagyjuk állni 10 percig, szórványosan megforgatva. Dobd meg római salátával és 1 csésze friss korianderrel. Csirke- és lime-szeletekkel ajándékozzuk.

Rakéta Gorgonzola öntettel, adagok: 4

Főzési idő: 0 perc

Hozzávalók:

1 csomó rakéta, tisztítva

1 körte vékonyra szeletelve

1 evőkanál friss citromlé

1 gerezd zúzott fokhagyma

1/3 csésze kéksajt, morzsolva

1/4 csésze zöldségleves, csökkentett nátriumtartalommal

Frissen őrölt bors

4 teáskanál olívaolaj

1 evőkanál almaecet

Javallatok:

1. Tedd egy tálba a körteszeleteket és a citromlevet. Dobd a kabáthoz.

A körteszeleteket a rakétával együtt egy tálalótálra helyezzük.

2. Egy tálban keverjük össze az ecetet, az olajat, a sajtot, a húslevest, a borsot és a fokhagymát. Hagyja 5 percig, távolítsa el a fokhagymát. Rátesszük az öntetet, majd tálaljuk.

Tápanyag-információ:Kalória 145 Szénhidrát: 23 g Zsír: 4 g Fehérje: 6 g

Káposztaleves adagok: 6

Főzési idő: 35 perc

Hozzávalók:

1 db sárgahagyma apróra vágva

1 fej zöld káposzta apróra vágva

2 evőkanál olívaolaj

5 csésze zöldségleves

1 sárgarépa, meghámozva és lereszelve

Egy csipet só és fekete bors

1 evőkanál koriander, apróra vágva

2 teáskanál kakukkfű, darálva

½ teáskanál füstölt paprika

½ teáskanál csípős paprika

1 evőkanál citromlé

Karfiol rizs Adagok: 4

Főzési idő: 10 perc

Hozzávalók:

¼ csésze étolaj

1 evőkanál. Kókuszolaj

1 evőkanál. Kókuszcukor

4 csésze karfiol, virágokra osztva ½ tk. só

Javallatok:

1. Először dolgozd fel a karfiolt aprítógépben, és dolgozd 1-2 percig.

2. Egy nagy serpenyőben közepes lángon hevítsük fel az olajat, majd adjuk hozzá a rizses karfiolt, a kókuszcukrot és a sót a serpenyőbe.

3. Jól összedolgozzuk, és 4-5 percig főzzük, vagy amíg a karfiol kissé megpuhul.

4. Végül öntsük hozzá a kókusztejet és élvezzük.

Tápanyag-információ:Kalória 108 Kcal Fehérjék: 27,1 g Szénhidrát: 11 g Zsírok: 6 g

Feta és spenótos omlett Adagok: 4

Főzési idő: 10 perc

Hozzávalók:

½ kis barna hagyma

250 g új spenót

½ csésze feta sajt

1 evőkanál fokhagyma paszta

4 felvert tojás

Fűszerek keveréke

Só és bors ízlés szerint

1 evőkanál olívaolaj

Javallatok:

1. Adjunk hozzá egy finomra vágott hagymát az olajhoz, és közepes lángon pirítsuk meg.

2. Adjuk hozzá a spenótot a világosbarna hagymához, és pároljuk 2 percig.

3. A tojásokhoz adjuk a hideg spenótos-hagymás keveréket.

4. Most adjunk hozzá fokhagymapürét, sózzuk és borsozzuk, és keverjük össze a keveréket.

5. Főzzük ezt a keveréket lassú tűzön, és óvatosan keverjük hozzá a tojásokat.

6. Adjuk hozzá a feta sajtot a tojásokhoz, és helyezzük a serpenyőt az előmelegített broiler alá.

7. Főzzük közel 2-3 percig, amíg az omlett aranybarna nem lesz.

8. Ezt a feta omlettet melegen vagy hidegen tálaljuk.

Tápanyag-információ:Kalória 210 Szénhidrát: 5 g Zsír: 14 g Fehérje: 21 g

Tüzes csirkefazék matricák hozzávalói:

1 kg darált csirke

1/2 csésze reszelt káposzta

1 sárgarépa, meghámozva és felaprítva

2 gerezd fokhagyma, kinyomva

2 zöldhagyma, vékonyra szeletelve

1 evőkanál csökkentett nátriumtartalmú szójaszósz

1 evőkanál hoisin szósz

1 evőkanál természetesen őrölt gyömbér

2 teáskanál szezámolaj

1/4 teáskanál őrölt fehér bors

36 tonnás burkolatok

2 evőkanál növényi olaj

A FORRÓ CHILI OLAJOS SZÓSZHOZ:

1/2 csésze növényi olaj

1/4 csésze szárított vörös chili, zúzott

2 gerezd fokhagyma, felaprítva

Javallatok:

1. Melegítse fel a növényi olajat egy kis serpenyőben közepes lángon. Keverje hozzá a zúzott paprikát és fokhagymát, időnként megkeverve, amíg az olaj 180 F-ra nem melegszik, körülbelül 8-10 perc alatt; biztonságos helyre tegye.

2. Egy hatalmas tálban keverjük össze a csirkét, a káposztát, a sárgarépát, a fokhagymát, a zöldhagymát, a szójaszószt, a hoisin szószt, a gyömbért, a szezámolajat és a fehér borsot.

3. A gombócok kikanalazásához helyezze a csomagolóanyagokat egy munkafelületre.

Öntsön 1 evőkanál csirkehús keveréket mindegyik pakolás fókuszpontjába. Az ujjával dörzsölje le vízzel a csomagolás széleit. A keveréket félhold alakban ráhajtjuk a töltelékre, a széleit összecsípve lezárjuk.

4. Melegítse fel a növényi olajat egy hatalmas serpenyőben közepes lángon. Helyezze az edénymatricákat egy különálló rétegbe, és oldalanként körülbelül 2-3 percig sütje fényesre és ropogósra.

5. Azonnal tálaljuk forró pörkölt olajos szósszal.

Fokhagymás garnélarák karfiol gratinnal

Adagok: 2

Főzési idő: 15 perc

Hozzávalók:

Garnélarák elkészítéséhez

1 font garnélarák

2-3 evőkanál Cajun fűszer

só

1 evőkanál vaj/ghi

Karfiol dara elkészítéséhez

2 evőkanál tisztított vaj

12 oz karfiol

1 gerezd fokhagyma

Só ízlés szerint

Javallatok:

1. A karfiolt és a fokhagymát 8 dl vízben közepes lángon puhára főzzük.

2. A zsenge karfiolt a robotgépben turmixoljuk össze a tisztított vajjal. Fokozatosan adjunk hozzá forrásban lévő vizet a megfelelő állag érdekében.

3. Csorgassunk 2 evőkanál Cajun fűszerezést a garnélarákra és pácoljuk be.

4. Egy nagy serpenyőben vegyünk 3 evőkanál ghí-t, és közepes lángon főzzük meg a garnélarákot.

5. Tegyünk a tálba egy púpozott evőkanál karfioldarát, és adjuk hozzá a sült garnélarákot.

Tápanyag-információ:Kalória 107 Szénhidrát: 1 g Zsír: 3 g Fehérje: 20 g

Brokkolis tonhal adagok: 1

Főzési idő: 10 perc

Hozzávalók:

1 teáskanál. Extra szűz olívaolaj

3 uncia tonhal vízben, lehetőleg könnyű és darabos, lecsepegtetve 1 evőkanál. Dió, durvára vágva

2 csésze brokkoli, apróra vágva

½ tk. Csípős szósz

Javallatok:

1. Először keverje össze a brokkolit, az öntetet és a tonhalat egy nagy keverőtálban, amíg jól el nem keveredik.

2. Ezután a zöldségeket 3 percig sütjük mikrohullámú sütőben, vagy amíg megpuhulnak

3. Ezután adjuk hozzá a diót és az olívaolajat a tálba, és jól keverjük össze.

4. Tálaljuk és élvezzük.

Tápanyag-információ:Kalória 259 Kcal Fehérjék: 27,1 g Szénhidrát: 12,9 g Zsírok: 12,4 g

Sütőtök vajleves garnélarákkal Adagok: 4

Főzési idő: 20 perc

Hozzávalók:

3 evőkanál sótlan vaj

1 kis vöröshagyma, apróra vágva

1 gerezd fokhagyma, szeletelve

1 teáskanál kurkuma

1 teáskanál sót

¼ teáskanál frissen őrölt fekete bors

3 csésze zöldségleves

2 csésze hámozott sütőtök ¼ hüvelykes kockákra vágva 1 font főtt hámozott garnélarák, szükség esetén felengedve 1 csésze cukrozatlan mandulatej

¼ csésze pehely mandula (opcionális)

2 evőkanál finomra vágott friss lapos petrezselyem 2 teáskanál reszelt vagy apróra vágott citromhéj

Javallatok:

1. Olvasszuk fel a vajat nagy lángon egy nagy serpenyőben.

2. Adjuk hozzá a hagymát, a fokhagymát, a kurkumát, sózzuk és borsozzuk, és pároljuk, amíg a zöldségek puhák és áttetszőek nem lesznek, 5-7 percig.

3. Adjuk hozzá a húslevest és a tököt, és forraljuk fel.

4. Pároljuk 5 percen belül.

5. Adjuk hozzá a garnélarákot és a mandulatejet, és főzzük körülbelül 2 percig.

6. Megszórjuk a mandulával (ha használunk), petrezselyemmel és citromhéjjal, és tálaljuk.

Tápanyag-információ:Kalória 275 Összes zsír: 12 g Összes szénhidrát: 12 g Cukor: 3 g Rost: 2 g Fehérje: 30 g Nátrium: 1665 mg

Ízletes sült pulykafasírt Adagok: 6

Főzési idő: 30 perc

Hozzávalók:

1 kiló őrölt pulyka

½ csésze friss, fehér vagy teljes kiőrlésű zsemlemorzsa ½ csésze frissen reszelt parmezán

½ evőkanál. bazsalikom, frissen aprítva

½ evőkanál. oregánó, frissen apróra vágva

1 nagy tojás, felvert

1 evőkanál. petrezselyem, frissen aprítva

3 evőkanál tej vagy víz

Egy csipet só és bors

Egy csipetnyi frissen reszelt szerecsendió

Javallatok:

1. A sütőt előmelegítjük 180°C-ra.

2. Két tepsit kibélelünk sütőpapírral.

3. Keverje össze az összes hozzávalót egy nagy tálban.

4. Formázz 1 hüvelykes golyókat a keverékből, és helyezd mindegyik golyót a tepsibe.

5. Helyezze a serpenyőt a sütőbe.

6. Süssük 30 percig, vagy amíg a pulyka megpuhul, és a felülete barna lesz.

7. A húsgombócokat a főzés felénél egyszer megforgatjuk.

Tápanyag-információ:Kalória: 517 Cal Zsír: 17,2 g Fehérje: 38,7 g Szénhidrát: 52,7 g Rost: 1 g

Tiszta kagylólé adagok: 4

Főzési idő: 15 perc

Hozzávalók:

2 evőkanál sótlan vaj

2 közepes sárgarépa ½ hüvelykes darabokra vágva

2 szár zeller, vékonyra szeletelve

1 kis vöröshagyma, ¼ hüvelykes kockákra vágva

2 gerezd fokhagyma, szeletelve

2 csésze zöldségleves

1 üveg (8 oz) kagylólé

1 (10 uncia) konzerv kagyló

½ teáskanál szárított kakukkfű

½ teáskanál só

¼ teáskanál frissen őrölt fekete bors

Javallatok:

1. Olvasszuk fel a vajat egy nagy serpenyőben, nagy lángon.

2. Adjuk hozzá a sárgarépát, a zellert, a hagymát és a fokhagymát, és pároljuk 2-3 percig, amíg kissé megpuhul.

3. Adjuk hozzá a húslevest és a kagylólevet, és forraljuk fel.

4. Pároljuk, amíg a sárgarépa megpuhul, 3-5 percig.

5. Keverje hozzá a kagylókat és levüket, kakukkfüvet, sót és borsot, melegítse 2-3 percig, és tálalja.

Tápanyag-információ:Kalória 156 Összes zsír: 7 g Összes szénhidrát: 7 g Cukor: 3 g Rost: 1 g Fehérje: 14 g Nátrium: 981 mg

Csirke rizsedény adagok: 4

Főzési idő: 25 perc

Hozzávalók:

1 font szabadtartású, csont nélküli, bőr nélküli csirkemell ¼ csésze barna rizs

¾ font tetszőleges gomba, szeletelve

1 póréhagyma, apróra vágva

¼ csésze mandula, apróra vágva

1 csésze víz

1 evőkanál. olivaolaj

1 csésze zöldbab

½ csésze almaecet

2 evőkanál. Univerzális liszt

1 csésze tej, alacsony zsírtartalmú

¼ csésze frissen reszelt parmezán

¼ csésze tejföl

Csipetnyi tengeri sót, ha szükséges, adjunk hozzá még

őrölt fekete bors, ízlés szerint

Javallatok:

1. Öntsön barna rizst egy fazékba. Adjunk hozzá vizet. Fedjük le és forraljuk fel. Csökkentse a hőt, majd párolja 30 percig, vagy amíg a rizs meg nem fő.

2. Közben egy lábasba beletesszük a csirkemellet és felöntjük annyi vízzel, hogy ellepje, sózzuk. Forraljuk fel a keveréket, majd csökkentsük a hőt, és forraljuk 10 percig.

3. A csirkét felaprítjuk. Lezár ügyet.

4. Az olívaolajat felforrósítjuk. A póréhagymát puhára főzzük. Adjuk hozzá a gombát.

5. Öntsön almaecetet a keverékbe. A keveréket addig pároljuk, amíg az ecet el nem párolog. Adjuk hozzá a lisztet és a tejet a serpenyőbe.

Megszórjuk parmezánnal és hozzáadjuk a tejfölt. Ízesítsük fekete borssal.

6. Melegítse elő a sütőt 350 fokra. Enyhén kenje meg egy serpenyőt olajjal.

7. A serpenyőben terítsük el a főtt rizst, majd a tetejére a darált csirkét és a zöldbabot. Adjuk hozzá a gombát és a póréhagyma szószt.

Tedd a tetejére a mandulát.

8. Süssük 20 percen belül, vagy amíg aranybarna nem lesz. Tálalás előtt hagyjuk kihűlni.

Tápanyag-információ:Kalória 401 Szénhidrát: 54 g Zsír: 12 g Fehérje: 20 g

Jambalaya Jumble pirított garnélarák adagok: 4

Főzési idő: 30 perc

Hozzávalók:

10 oz. közepes garnélarák, héjastól

¼ csésze zeller, apróra vágott ½ csésze hagyma, apróra vágva

1 evőkanál. olaj vagy vaj ¼ teáskanál fokhagyma, darált

¼ teáskanál hagymás só vagy tengeri só

⅓ csésze paradicsomszósz ½ teáskanál füstölt paprika

½ teáskanál Worcestershire szósz

⅔ csésze sárgarépa, apróra vágva

1 1/4 csésze csirkekolbász, előfőzött és kockára vágva 2 csésze lencse, egy éjszakán át áztatva és előfőzve 2 csésze okra apróra vágva

Egy csipetnyi törött pirospaprika és fekete bors parmezán, reszelve a díszítéshez (elhagyható)Javallatok:

1. A garnélarákot, a zellert és a hagymát olajon megpirítjuk egy serpenyőben, közepesen magas lángon öt percig, vagy amíg a garnélarák rózsaszínűvé nem válik.

2. Adjuk hozzá a többi hozzávalót, és pirítsuk még 10 percig

percig, vagy amíg a zöldségek megpuhulnak.

3. A tálaláshoz oszd el a jambalaya keveréket négy adagolótál között.

4. Tetejét borssal és sajttal megszórjuk, ha szükséges.

Tápanyag-információ:Kalória: 529 Zsír: 17,6 g Fehérje: 26,4 g Szénhidrát: 98,4 g Rost: 32,3 g

Chili csirke adagok: 6

Főzési idő: 1 óra

Hozzávalók:

1 db sárgahagyma apróra vágva

2 evőkanál olívaolaj

2 gerezd fokhagyma, felaprítva

1 kg csirkemell, bőr nélkül, csont nélkül és kockára vágva 1 zöldpaprika, apróra vágva

2 csésze csirkehúsleves

1 evőkanál kakaópor

2 evőkanál chili por

1 teáskanál füstölt paprika

1 csésze paradicsomkonzerv, apróra vágva

1 evőkanál koriander, apróra vágva

Egy csipet só és fekete bors

Javallatok:

1. Melegíts fel egy serpenyőt az olajjal közepes lángon, add hozzá a hagymát és a fokhagymát, és pirítsd 5 percig.

2. Hozzáadjuk a húst, és további 5 percig pirítjuk.

3. Adjuk hozzá a többi hozzávalót, keverjük össze és főzzük közepes lángon 40 percig.

4. A chilit tálkákba osztjuk és ebédre tálaljuk.

Tápanyag-információ:kalória 300, zsír 2, rost 10, szénhidrát 15, fehérje 11

Fokhagymás és lencseleves adagok: 4

Főzési idő: 15 perc

Hozzávalók:

2 evőkanál extra szűz olívaolaj

2 közepes sárgarépa, vékonyra szeletelve

1 kis fehér hagyma ¼ hüvelykes kockákra vágva

2 gerezd fokhagyma, vékonyra szeletelve

1 teáskanál fahéjpor

1 teáskanál sót

¼ teáskanál frissen őrölt fekete bors

3 csésze zöldségleves

1 doboz (15 uncia) lencse, lecsepegtetve és leöblítve 1 evőkanál apróra vágott vagy reszelt narancshéj

¼ csésze darált dió (opcionális)

2 evőkanál finomra vágott friss lapos petrezselyemJavallatok:

1. Egy nagy edényben nagy lángon felhevítjük az olajat.

2. Tegye bele a sárgarépát, a hagymát és a fokhagymát, és párolja, amíg megpuhul, 5-7 percek.

3. Adjuk hozzá a fahéjat, sózzuk és borsozzuk, és keverjük, hogy a zöldségek egyenletesen bevonódjanak, 1-2 percig.

4. Tedd fel a húslevest és forrald fel. Forraljuk fel, majd adjuk hozzá a lencsét és főzzük 1 percig.

5. Adjuk hozzá a narancshéjat, és tálaljuk, szórjuk meg a dióval (ha használunk) és a petrezselyemmel.

Tápanyag-információ:Kalória 201 Összes zsír: 8 g Összes szénhidrát: 22 g Cukor: 4 g Rost: 8 g Fehérje: 11 g Nátrium: 1178 mg

Santa Fe klasszikus rántott csirke és fűszeres cukkini

Adagok: 2

Főzési idő: 15 perc

Hozzávalók:

1 evőkanál. olivaolaj

2 csirkemell, szeletelve

1 vöröshagyma, apróra vágva

2 gerezd fokhagyma, felaprítva 1 kockára vágott cukkini ½ csésze sárgarépa, darált

1 teáskanál paprika, 1 teáskanál füstölt kömény, őrölve

½ teáskanál chili por ¼ teáskanál tengeri só

2 evőkanál. friss lime lé

¼ csésze koriander, frissen aprítva

Barna rizs vagy quinoa, tálaláskor

Javallatok:

1. Pároljuk a csirkét olívaolajon körülbelül 3 percig, amíg a csirke megbarnul. Lezár ügyet.

2. Használja ugyanazt a wokot, és adja hozzá a hagymát és a fokhagymát.

3. Addig főzzük, amíg a hagyma megpuhul.

4. Adjuk hozzá a sárgarépát és a cukkinit.

5. Keverje össze a keveréket, és főzze tovább körülbelül egy percig.

6. Adja hozzá az összes fűszert a keverékhez, és keverje tovább egy percig.

7. Tegye vissza a csirkét a wokba, és öntse hozzá a lime levét.

8. Kevergetve főzzük, amíg minden meg nem fő.

9. Tálaláshoz kanalazd a keveréket a főtt rizsre vagy quinoára, és díszítsd a frissen vágott korianderrel.

Tápanyag-információ:Kalória: 191 Zsír: 5,3 g Fehérje: 11,9 g Szénhidrát: 26,3 g Rost: 2,5 g

Tilapia taco egy fantasztikus gyömbéres szezám salátával

Adagok: 4

Főzési idő: 5 óra

Hozzávalók:

1 teáskanál friss gyömbér, reszelve

Só és frissen tört fekete bors ízlés szerint 1 teáskanál stevia

1 evőkanál szójaszósz

1 evőkanál olívaolaj

1 evőkanál citromlé

1 evőkanál natúr joghurt

1 font tilápia filé

1 csésze káposztasaláta keverék

Javallatok:

1. Kapcsolja be az Instant Pot-ot, adjon hozzá minden hozzávalót, kivéve a tilápia filé és a káposztasaláta keveréket, és keverje jól össze.

2. Ezután adjuk hozzá a filét, keverjük jól bevonatig, fedjük le, nyomjuk meg a

"lassú főzés" gombot, és főzzük 5 órán keresztül, közben a filét a főzés felénél megfordítjuk.

3. Ha kész, tegyük át a filéket egy tányérra, és hagyjuk teljesen kihűlni.

4. Az ételek elkészítéséhez osszuk el a káposztasaláta keveréket négy légmentesen záródó edényben, adjuk hozzá a tilápiát, és tegyük hűtőszekrénybe legfeljebb három napig.

5. Ha készen áll a fogyasztásra, melegítse fel a tilápiát a mikrohullámú sütőben forróra, majd tálalja káposztasalátával.

Tápanyag-információ:Kalória 278, összes zsír 7,4 g, szénhidrát összesen 18,6 g, fehérje 35,9 g, cukor 1,2 g, rost 8,2 g, nátrium 194 mg

Curry lencse pörkölt Adagok: 4

Főzési idő: 15 perc

Hozzávalók:

1 evőkanál olívaolaj

1 hagyma, apróra vágva

2 gerezd fokhagyma, felaprítva

1 evőkanál bio curry fűszerkeverék

4 csésze alacsony nátriumtartalmú bio zöldségleves 1 csésze vöröslencse

2 csésze vajtök, főtt

1 csésze káposzta

1 teáskanál kurkuma

Tengeri só ízlés szerint

Javallatok:

1. Pároljuk meg az olívaolajat a hagymával és a fokhagymával egy nagy serpenyőben, közepes lángon, adjuk hozzá. 3 percig pirítjuk.

2. Adjuk hozzá a bio curry fűszert, a zöldséglevest és a lencsét, és forraljuk fel. 10 percig főzzük.

3. Keverje hozzá a főtt tököt és a kelkáposztát.

4. Adjunk hozzá kurkumát és tengeri sót ízlés szerint.

5. Forrón tálaljuk.

Tápanyag-információ:Összes szénhidrát 41 g élelmi rost: 13 g fehérje: 16 g teljes zsír: 4 g kalória: 252

Kelkáposzta cézár saláta grillezett csirkehússal, adagok: 2

Főzési idő: 20 perc

Hozzávalók:

6 csésze zöldfűszer, apróra vágva ½ lágytojás; főtt

8 oz grillezett csirke, vékonyra szeletelve

½ teáskanál dijoni mustár

¾ csésze parmezán, apróra vágva

Őrölt feketebors

kóser só

1 gerezd fokhagyma, felaprítva

1 csésze koktélparadicsom, negyedelve

1/8 csésze frissen facsart citromlé

2 nagy tortilla vagy két lavash zsemle

1 teáskanál agavé vagy méz

1/8 csésze olívaolaj

Javallatok:

1. Keverje össze a buggyantott tojás felét mustárral, darált fokhagymával, mézzel, olívaolajjal és citromlével egy nagy keverőtálban. Addig verjük, amíg öntetszerű állagot nem kapunk. Ízlés szerint borssal és sóval ízesítjük.

2. Adjuk hozzá a koktélparadicsomot, a csirkét és a káposztát; óvatosan keverjük össze, amíg jól be nem vonja az öntettel, majd adjunk hozzá ¼ csésze parmezánt.

3. A focacciát kinyújtjuk, és az elkészített salátát egyenletesen elosztjuk a pakolásokon; mindegyiket megszórjuk körülbelül ¼ csésze parmezánnal.

4. Tekerje fel a tekercseket és vágja ketté. Azonnal tálaljuk és élvezzük.

Tápanyag-információ:kcal 511 Zsír: 29 g Rost: 2,8 g Fehérje: 50 g

Spenót-bab saláta Adagok: 1

Főzési idő: 5 perc

Hozzávalók:

1 csésze friss spenót

¼ csésze konzerv feketebab

½ csésze konzerv csicseriborsó

½ csésze cremini gomba

2 evőkanál bio balzsamecetes vinaigrette 1 evőkanál olívaolaj

Javallatok:

1. Főzzük a cremini gombát az olívaolajon alacsony vagy közepes lángon 5 percig, amíg enyhén megpirulnak.

2. Készítsük el a salátát úgy, hogy a friss spenótot tányérra tesszük, és babbal, gombával és balzsamecetes vinaigrette-vel díszítjük.

Tápanyag-információ:Összes szénhidrát 26d. Élelmi rost: 8 g fehérje: 9 g Összes zsír: 15 g kalória: 274

Kérges lazac dióval és rozmaringgal, adagok: 6

Főzési idő: 20 perc

Hozzávalók:

1 Vágja fel a fokhagyma gerezdjét

1 evőkanál dijoni mustár

¼ evőkanál citromhéj

1 evőkanál citromlé

1 evőkanál friss rozmaring

1/2 evőkanál méz

Olivaolaj

Friss petrezselyem

3 evőkanál darált dió

1 font bőr nélküli lazac

1 evőkanál zúzott friss chili

Só, bors

Citromszeletek a díszítéshez

3 evőkanál Panko zsemlemorzsa

1 evőkanál extra szűz olívaolaj

Javallatok:

1. Helyezze a tálcát a sütőbe, és melegítse elő 240°C-ra.

2. Egy tálban összekeverjük a mustárpürét, a fokhagymát, a sót, az olívaolajat, a mézet, a citromlevet, a törött pirospaprikát, a rozmaringot, a gennyes mézet.

3. Keverje össze a pankót, a diót és az olajat, és terítsen egy vékony halszeletet a tepsire. Az olívaolajat egyenletesen meglocsoljuk a hal mindkét oldalával.

4. Helyezze a diós keveréket a lazacra, a mustáros keverékkel a tetejére.

5. Főzzük a lazacot majdnem 12 percig. Díszítsük friss petrezselyemmel és citromkarikákkal, és forrón tálaljuk.

Tápanyag-információ:Kalória 227 Szénhidrát: 0 g Zsír: 12 g Fehérje: 29 g

Sült édesburgonya piros Tahini adagokkal: 4

Főzési idő: 30 perc

Hozzávalók:

15 oz konzerv csicseriborsó

4 közepes méretű édesburgonya

½ evőkanál olívaolaj

1 csipet só

1 evőkanál lime lé

1/2 evőkanál kömény, koriander és paprikapor A fokhagymás fűszernövény szószhoz

¼ csésze tahini szósz

½ evőkanál limelé

3 gerezd fokhagyma

Só ízlés szerint

Javallatok:

1. A sütőt előmelegítjük 204°C-ra. Ízesítsük a csicseriborsót sóval, fűszerekkel és olívaolajjal. Nyújtsuk ki őket a fólialapra.

2. Kenjük meg olajjal az édesburgonya vékony szeleteket, tegyük a pácolt babra, és süssük meg.

3. A szószhoz keverjük össze az összes rögzítést egy tálban. Adjunk hozzá egy kevés vizet, de tartsuk sűrűn.

4. 25 perc elteltével vegye ki az édesburgonyát a sütőből.

5. Díszítse ezt a sült édesburgonyás csicseriborsó salátát fűszeres fokhagymás öntettel.

Tápanyag-információ:Kalória 90 Szénhidrát: 20 g Zsír: 0 g Fehérje: 2 g

Olasz nyári squash leves adagok: 4

Főzési idő: 15 perc

Hozzávalók:

3 evőkanál extra szűz olívaolaj

1 kis vöröshagyma, vékonyra szeletelve

1 gerezd fokhagyma, felaprítva

1 csésze apróra vágott cukkini

1 csésze apróra vágott sárga tök

½ csésze apróra vágott sárgarépa

3 csésze zöldségleves

1 teáskanál sót

2 evőkanál finomra vágott friss bazsalikom

1 evőkanál finomra vágott friss metélőhagyma

2 evőkanál fenyőmag

Javallatok:

1. Egy nagy edényben nagy lángon felhevítjük az olajat.

2. Helyezze a hagymát és a fokhagymát, és párolja, amíg megpuhul, 5-7 percig.

3. Hozzáadjuk a cukkinit, a tököt és a sárgarépát, és 1-2 percig puhára pároljuk.

4. Adjuk hozzá a húslevest és a sót, és forraljuk fel. Pároljuk 1-2 percen belül.

5. Hozzákeverjük a bazsalikomot és a metélőhagymát, és a fenyőmaggal megszórva tálaljuk.

Tápanyag-információ:Kalória 172 Összes zsír: 15 g Összes szénhidrát: 6 g Cukor: 3 g Rost: 2 g Fehérje: 5 g Nátrium: 1170 mg

Sáfrány- és lazacleves adagok: 4

Főzési idő: 20 perc

Hozzávalók:

¼ csésze extra szűz olívaolaj

2 póréhagyma, csak fehér része, vékonyra szeletelve

2 közepes sárgarépa, vékonyra szeletelve

2 gerezd fokhagyma, vékonyra szeletelve

4 csésze zöldségleves

1 kiló bőr nélküli lazacfilé, 1 hüvelykes darabokra vágva 1 teáskanál só

¼ teáskanál frissen őrölt fekete bors

¼ teáskanál sáfrányszál

2 csésze bébispenót

½ pohár száraz fehérbor

2 evőkanál apróra vágott medvehagyma, fehér és zöld részek is 2 evőkanál finomra vágott friss lapos petrezselyemJavallatok:

1. Egy nagy edényben nagy lángon felhevítjük az olajat.

2. Adjuk hozzá a póréhagymát, a sárgarépát és a fokhagymát, és pároljuk, amíg megpuhul, 5-7

percek.

3. Tedd fel a húslevest és forrald fel.

4. Pároljuk, és hozzáadjuk a lazacot, a sót, a borsot és a sáfrányt. Főzzük, amíg a lazac meg nem fő, körülbelül 8 percig.

5. Adjuk hozzá a spenótot, a bort, a medvehagymát és a petrezselymet, és főzzük, amíg a spenót megfonnyad, 1-2 percig, és tálaljuk.

Tápanyag-információ:Kalória 418 Összes zsír: 26 g Összes szénhidrát: 13 g Cukor: 4 g Rost: 2 g Fehérje: 29 g Nátrium: 1455 mg

Garnélarák gombaleves Forró és savanyú ízű thai

Adagok: 6

Főzési idő: 38 perc

Hozzávalók:

3 evőkanál sótlan vaj

1 font garnélarák, meghámozva és kifejtve

2 teáskanál darált fokhagyma

1 hüvelyk gyömbér gyökér, meghámozva

1 közepes hagyma, felkockázva

1 thai vörös chili, darálva

1 szál citromfű

½ teáskanál friss lime héja

Só és frissen tört fekete bors, ízlés szerint 5 csésze csirkehúsleves

1 evőkanál kókuszolaj

½ font cremini gomba, szeletekre vágva

1 kis zöld cukkini

2 evőkanál friss limelé

2 evőkanál halszósz

¼ csokor friss thai bazsalikom, apróra vágva

¼ csokor friss koriander, apróra vágva

Javallatok:

1. Vegyünk egy nagy edényt, tegyük közepes lángra, adjuk hozzá a vajat, majd ha felolvad, adjuk hozzá a garnélarákot, a fokhagymát, a gyömbért, a hagymát, a chilit, a citromfüvet és a lime héját, ízesítsük sóval, borssal és főzzük 3 percig.

2. Öntsük fel a húslevessel, pároljuk 30 percig, majd szűrjük le.

3. Vegyünk egy nagy serpenyőt közepes lángon, öntsük hozzá az olajat, és ha forró, adjuk hozzá a gombát és a cukkinit, ízesítsük ismét sóval és fekete borssal, és főzzük 3 percig.

4. Adja hozzá a garnélarák keveréket a serpenyőbe, párolja 2 percig, öntse meg lime levével és halszósszal, és főzze 1 percig.

5. Kóstoljuk meg a fűszerezést, majd vegyük le a serpenyőt a tűzről, díszítsük korianderrel és bazsalikommal, és tálaljuk.

Tápanyag-információ: Kalória 223, összes zsír 10,2 g, szénhidrát összesen 8,7 g, fehérje 23 g, cukor 3,6 g, nátrium 1128 mg

Árpa szárított paradicsommal Hozzávalók:

1 font csont nélküli bőr nélküli csirkemell, 3/4 hüvelykes darabokra vágva

1 evőkanál + 1 teáskanál olívaolaj

Só és ropogós őrölt sötét bors

2 gerezd fokhagyma, felaprítva

1/4 csésze (8 oz) száraz árpa tészta

2 3/4 csésze alacsony nátriumtartalmú csirkehúsleves, ekkor változékonyabb (ne használjunk közönséges gyümölcsleveket, túl sós lesz)
1/3 csésze aszalt paradicsomdarabkák gyógynövényolajjal töltve (kb. 12 rész Rázzuk ki az olaj nagy része), konyhai robotgépben apróra vágva

1/2 - 3/4 csésze apróra vágott parmezán cheddar, ízlés szerint 1/3 csésze apróra vágott ropogós bazsalikom

Javallatok:

1. Melegítsen fel 1 evőkanál olívaolajat egy serpenyőben közepesen magas lángon.

2. Ha már fényes, adjuk hozzá a csirkét, sózzuk és borsozzuk finoman, és főzzük fényesre, kb. 3 percig, majd fordítsuk át a felfordított oldalára, és főzzük világos sötét színűre és főzzük kb. 3 perc alatt. Tegyük a csirkét egy tányérra, béleljük ki alufóliával, hogy meleg legyen.

3. Adjunk hozzá maradék 1 teáskanál olívaolajat a serpenyőbe, majd adjuk hozzá a fokhagymát, és pirítsuk 20 másodpercig, vagy csak addig, amíg finoman csillogni nem kezd, majd öntsük bele a csirkeleveket, miközben a főtt darabokat kaparjuk ki a serpenyő aljáról.

4. Az alaplevet forráspontig melegítjük, majd hozzáadjuk az orzo tésztát, mérsékeljük a hőt egy közepesen tűző serpenyőben fedővel, és hagyjuk 5 percig enyhén párolódni, majd fedjük fel, keverjük és folytassuk a buborékolást, amíg az árpa meg nem puhul, kb. 5 perccel tovább, időnként megkeverve (ne stresszelje, ha még maradt egy kis leve, attól lesz némi pimaszság).

5. Ha megfőtt a tészta, dobd rá a csirkét az orzóval, majd vedd le a tűzről. Adjuk hozzá a cheddart a parmezánhoz, keverjük addig, amíg elolvad, majd adjuk hozzá a szárított paradicsomot, a bazsalikomot és fűszerezzük

borssal (sózni nem szabad, de ha úgy gondolod, hogy kell, adjunk hozzá).

6. Ha szükséges, adjunk hozzá még levet, hogy kihígítsuk (mivel a tészta pihen, bőven felszívja a folyadékot, és én egy kis bőséggel élveztem, ezért adtam hozzá még egy kicsit). Forrón tálaljuk.

Gomba- és céklaleves adagok: 4

Főzési idő: 40 perc

Hozzávalók:

2 evőkanál olívaolaj

1 db sárgahagyma apróra vágva

2 cékla, meghámozva és nagy kockákra vágva

1 kg fehér gomba, szeletelve

2 gerezd fokhagyma, felaprítva

1 evőkanál paradicsompüré

5 csésze zöldségleves

1 evőkanál petrezselyem, apróra vágva

Javallatok:

1. Melegíts fel egy serpenyőt az olajjal közepes lángon, add hozzá a hagymát és a fokhagymát, és pirítsd 5 percig.

2. Adjuk hozzá a gombát, keverjük össze és pirítsuk további 5 percig.

3. Adjuk hozzá a répát és a többi hozzávalót, forraljuk fel, és főzzük közepes lángon további 30 percig, időnként megkeverve.

4. A levest tálakba öntjük és tálaljuk.

Tápanyag-információ:kalória 300, zsír 5, rost 9, szénhidrát 8, fehérje 7

Parmezános csirkehúsgombóc Hozzávalók:

2 kiló darált csirke

3/4 csésze gluténmentes panko panko zsemlemorzsa jól működik 1/4 csésze finomra vágott hagyma

2 evőkanál apróra vágott petrezselyem

2 gerezd darált fokhagyma

menet közben 1 kis citrom körül 1 teáskanál 2 tojás

3/4 csésze rombolt pecorino romano vagy cheddar parmezán 1 teáskanál sima só

1/2 teáskanál ropogós őrölt fekete bors

1 liter marinara szósz öt perc

4-6 uncia ropogósra szeletelt mozzarella

Javallatok:

1. Melegítse elő a tűzhelyet 400 fokra, az állvány felső harmadába helyezve az állványt. Egy nagy tálban a marinarán és a mozzarellán kívül mindent összekeverünk. Óvatosan keverje össze, kézzel vagy egy hatalmas kanállal. Kikanalazzuk és kis pogácsákat formázunk, majd fóliával bélelt fűtőfóliára tesszük. Helyezze a húsgombócokat nagyon közel egymáshoz a tányéron,

hogy elférjenek. Minden húsgombócra öntsön körülbelül fél evőkanál szószt. 15 percig melegítjük.

2. Vegye ki a húsgombócokat a tűzhelyről, és növelje a grill hőmérsékletét a sütéshez. Minden húsgombócra öntsön még egy 1/2 evőkanál szószt, és díszítse egy kis mozzarellával. (A kis darabokat kb. 1"-es darabokra vágtam.) Főzzük még 3 percig, amíg a cheddar megpuhul és fényes lesz. Ajándékozza meg extra szósszal. Értékeljük!

Parmigiana húsgombóc Hozzávalók:

A húsgombócokhoz

1,5 font őrölt hamburger (80/20)

2 evőkanál ropogós petrezselyem, apróra vágva

3/4 csésze őrölt parmezán cheddar

1/2 csésze mandulaliszt

2 tojás

1 teáskanál megfelelő só

1/4 teáskanál őrölt sötét bors

1/4 teáskanál fokhagyma por

1 teáskanál szárított hagyma csepp

1/4 teáskanál szárított oregánó

1/2 csésze meleg víz

A parmezánhoz

1 csésze sima keto marinara szósz (vagy bármilyen helyben vásárolt cukormentes marinara)

4 uncia cheddar mozzarella

Javallatok:

1. Keverje össze az összes fasírt hozzávalóit egy nagy tálban, és jól keverje össze.

2. Szerkezete tizenöt 2 hüvelykes pogácsában.

3. Készítse elő 350 fokon (F) 20 percig VAGY egy hatalmas serpenyőben közepes lángon süsse készre. Legfontosabb tipp: próbálja meg pirítani a szalonnát az olajban, ha van ilyen – ez további ízt ad. A fricassee a fenti fényképeken látható ragyogó sötét színárnyalatot hozza létre.

4. A parmezánhoz:

5. A megfőtt húsgombócokat tűzhelybiztos edénybe tesszük.

6. Minden húsgombócra öntsön körülbelül 1 evőkanál szószt.

7. Kenjük meg a mozzarella cheddar 1/4-ét.

8. Készítse elő 350 fokon (F) 20 percig (40 percig, ha a pogácsák megszilárdultak), vagy amíg át nem melegszik, és a cheddar fényes nem lesz.

9. Tetszés szerint megszórjuk friss petrezselyemmel.

Pulykamell serpenyőben barnított zöldségekkel

Adagok: 4

Főzési idő: 45 perc

Hozzávalók:

2 evőkanál sótlan, szobahőmérsékletű vaj

½ csont nélküli és bőrös pulykamell (1-2 font) 2 evőkanál méz

1 teáskanál sót

1 teáskanál kurkuma

¼ teáskanál frissen őrölt fekete bors

1 csésze csirkehúsleves vagy zöldségleves

Javallatok:

1. A sütőt 200°C-ra előmelegítjük. A serpenyőt kikenjük vajjal.

2. A sütőtököt, a répát és a hagymát egy rétegben helyezze el a tepsiben. Helyezze a pulykát bőrös oldalával felfelé. Mézzel ízesítjük.

Sóval, kurkumával és borssal ízesítjük, majd hozzáadjuk a húslevest.

3. Addig sütjük, amíg a pulyka 165°F-ot nem regisztrál a közepén egy azonnali leolvasású hőmérővel, 35-45 percig. Vegye ki és hagyja állni 5 percig.

4. Szeletekre vágva tálaljuk.

Tápanyag-információ:Kalória 383 Összes zsír: 15 g Összes szénhidrát: 25 g Cukor: 13 g Rost: 3 g Fehérje: 37 g Nátrium: 748 mg

Kókuszzöld curry főtt rizzsel Adagok: 8

Főzési idő: 20 perc

Hozzávalók:

2 evőkanál olívaolaj

12 uncia tofu

2 közepes édesburgonya (kockára vágva)

Só ízlés szerint

314 oz kókusztej

4 evőkanál zöld curry paszta

3 csésze brokkoli rózsa

Javallatok:

1. Távolítsa el a felesleges vizet a tofuból, és közepes lángon pirítsa meg. Sózzuk és 12 percig pirítjuk.

2. A kókusztejet, a zöld curry pasztát és az édesburgonyát közepes lángon főzzük meg, és pároljuk 5 percig.

3. Most hozzáadjuk a brokkolit és a tofut, és majdnem 5 percig főzzük, amíg a brokkoli színe meg nem változik.

4. Tálaljuk ezt a kókuszos és zöld curryt egy marék főtt rizzsel a tetejére és sok mazsolával a tetejére.

Tápanyag-információ:Kalória 170 Szénhidrát: 34 g Zsír: 2 g Fehérje: 3 g

Édesburgonyás csirke lencseleves adagok: 6

Főzési idő: 35 perc

Hozzávalók:

10 szár zeller

1 házi főtt vagy forgó csirke

2 közepes édesburgonya

5 uncia francia lencse

2 evőkanál friss limelé

½ fej escarole

6 gerezd vékonyra szeletelt fokhagyma

½ csésze kapor (apróra vágva)

1 evőkanál kóser só

2 evőkanál extra szűz olívaolaj

Javallatok:

1. Adjunk hozzá sót, csirkehúst, lencsét és édesburgonyát 8 uncia vízhez, és forraljuk fel nagy lángon.

2. Süssük ezeket a tárgyakat majdnem 10-12 percig, és távolítsuk el róluk az összes habot.

3. Főzzük a fokhagymát és a zellert az olajon majdnem 10 percig, amíg megpuhul

és világosbarnára, majd hozzáadjuk a felaprított sült csirkét.

4. Adja hozzá ezt a keveréket az escarole leveshez, és keverje folyamatosan 5 percig

perc közepes lángon.

5. Adjunk hozzá citromlevet és adjunk hozzá kaprot. A levest forrón, sóval fűszerezve tálaljuk.

Tápanyag-információ:Kalória 310 szénhidrát: 45 g zsír: 11 g fehérje: 13 g

Krémes sertéshús és paradicsom adagok: 4

Főzési idő: 35 perc

Hozzávalók:

2 kiló párolt sertéshús, kockára vágva

2 evőkanál avokádó olaj

1 csésze paradicsom, kockára vágva

1 csésze kókuszkrém

1 evőkanál apróra vágott menta

1 jalapeno paprika, darálva

Egy csipet tengeri só és fekete bors

1 evőkanál erős paprika

2 evőkanál citromlé

Javallatok:

1. Melegíts fel egy serpenyőt az olajjal közepes lángon, add hozzá a húst és pirítsd 5 percig.

2. Adjuk hozzá a többi hozzávalót, keverjük össze, főzzük közepes lángon további 30 percig, osztjuk a tányérok közé és tálaljuk.

Tápanyag-információ:kalória 230, zsír 4, rost 6, szénhidrát 9, fehérje 14

Citromos filé Adagok: 2

Főzési idő: 25 perc

Hozzávalók:

¼ teáskanál za'atar fűszer

1 citrom héja

½ teáskanál szárított kakukkfű

¼ teáskanál fokhagymapor

¼ teáskanál só

1 evőkanál olívaolaj

1 (8 uncia / 227 g) sertés szűzpecsenye, szeletekre vágva Javallatok:

1. Melegítse elő a sütőt 220 ºC-ra (425 ºF).

2. Keverje össze a za'atar fűszert, a citromhéjat, a kakukkfüvet, a fokhagymaport és a sót egy tálban, majd dörzsölje be a sertésszűz mindkét oldalát a keverékkel.

3. Melegítse fel az olívaolajat egy sütőben használható serpenyőben közepesen magas hőfokon, amíg csillogó nem lesz.

4. Adja hozzá a sertés szűzpecsenyét, és pirítsa 6 percig, vagy amíg meg nem pirul.

A sütési idő felénél fordítsa meg a sertéshúst.

5. Helyezze a serpenyőt előmelegített sütőbe, és süsse 15 percig, vagy amíg a szűzpecsenye legvastagabb részébe helyezett azonnali leolvasható hőmérő legalább 63°C-ot nem mutat.

6. Tegye át a megfőtt szűzpecsenyét egy nagy tányérra, és tálalás előtt hagyja néhány percig hűlni.

Tápanyag-információ:kalória: 184; zsír: 10,8g; szénhidrát: 1,2 g; rost: 0g; fehérje: 20,1 g; nátrium: 358 mg

Csirke brokkolival, adagok: 4

Hozzávalók:

1 kis fehér hagyma apróra vágva

1½ c. alacsony zsírtartalmú, alacsony nátriumtartalmú csirkehúsleves

Frissen őrölt fekete bors

2 c. apróra vágott brokkoli

1 kiló kockára vágott, bőr nélküli, kicsontozott csirkecomb 2 gerezd darált fokhagyma

Javallatok:

1. Lassú tűzhelyben adjunk hozzá minden hozzávalót, és jól keverjük össze.

2. Állítsa a lassú tűzhelyet minimumra.

3. Fedjük le és főzzük 4-5 órán keresztül.

4. Forrón tálaljuk.

Tápanyag-információ:Kalória: 300, zsír: 9 g, szénhidrát: 19 g, fehérje: 31 g, cukrok: 6 g, nátrium: 200 mg

Ropogós csirkefilé Adagok: 4

Főzési idő: 15 perc

Hozzávalók:

1 felvert tojás

8 csirke filé

2 evőkanál avokádó olaj

½ csésze zsemlemorzsa

Javallatok:

1. Melegítse elő a légsütőt 350 F-ra.

2. Mártsuk a csirkét a tojásba.

3. Keverjük össze az olajat és a zsemlemorzsát.

4. Ezzel a keverékkel bevonjuk a csirkét.

5. Tegye a légsütő kosarába.

6. 15 percig főzzük.

Sertéshús gombával és uborkával Adagok: 4

Főzési idő: 25 perc

Hozzávalók:

2 evőkanál olívaolaj

½ teáskanál szárított oregánó

4 sertésszelet

2 gerezd fokhagyma, felaprítva

1 lime leve

¼ csésze koriander, apróra vágva

Egy csipet tengeri só és fekete bors

1 csésze fehér gomba, félbevágva

2 evőkanál balzsamecet

Javallatok:

1. Melegíts fel egy serpenyőt az olajjal közepes lángon, add hozzá a sertésszeleteket, és süsd meg mindkét oldalukat 2 percig.

2. Hozzáadjuk a többi hozzávalót, összekeverjük, közepes lángon 20 percig főzzük, tányérokra rendezzük és tálaljuk.

Tápanyag-információ:kalória 220, zsír 6, rost 8, szénhidrát 14,2, fehérje 20

Csirkecomb Adagok: 4

Hozzávalók:

¼ c. hagymát kockákra vágva

1 csomag főtt chow mein tészta

Frissen őrölt bors

2 doboz krémleves gombaleves

1 ¼ c. szeletelt zeller

1 c. kesu dió

2 c. kockára vágott főtt csirke

½ c. vízesés

Javallatok:

1. Melegítse elő a sütőt 375°F-ra.

2. Egy sütőben használható edényben keverje össze mindkét doboz gombalevest és a vizet. Keverjük össze, amíg össze nem áll.

3. Adjuk hozzá a főtt kockára vágott csirkét, a hagymát, a zellert, a borsot és a kesudiót a leveshez. Keverjük össze, amíg össze nem áll. Adjuk hozzá a tészta felét a keverékhez, keverjük addig, amíg bevonat nem lesz.

4. Fedjük le a serpenyőt a maradék tésztával.

5. Tegye az edényt a sütőbe. 25 percig főzzük.

6. Azonnal tálaljuk.

Tápanyag-információ:Kalória: 201, zsír: 17 g, szénhidrát: 15 g, fehérje: 13 g, cukrok: 7 g, nátrium: 10 mg

Balzsames sült csirke adagok: 4

Hozzávalók:

1 evőkanál. apróra vágott friss rozmaring

1 gerezd darált fokhagyma

fekete bors

1 evőkanál. olivaolaj

1 teáskanál. barna cukor

6 szál rozmaring

1 egész csirke

½ c. balzsamecet

Javallatok:

1. Keverje össze a fokhagymát, a darált rozmaringot, a fekete borsot és az olívaolajat.

Dörzsölje be a csirkét a gyógynövényes olívaolaj keverékével.

2. Helyezzen 3 szál rozmaringot a csirke üregébe.

3. Helyezze a csirkét a serpenyőbe, és süsse 400 F-on körülbelül 1 órán át. 30 perc.

4. Amikor a csirke megpirult és a leve kifolyik, tegyük át egy tálba.

5. Egy serpenyőben a cukrot feloldjuk a balzsamecetben a tűzön.

Ne forraljuk.

6. A csirkét felszeleteljük, és az ecetes keverékkel díszítjük.

Tápanyag-információ:Kalória: 587, Zsír: 37,8 g, Szénhidrát: 2,5 g, Fehérje: 54,1

g, cukrok: 0 g, nátrium: 600 mg

Steak és gomba Adagok: 4

Főzési idő: 15 perc

Hozzávalók:

2 evőkanál olívaolaj

8 oz. gomba, szeletelve

½ teáskanál fokhagymapor

1 kilós steak, kockákra vágva

1 teáskanál (5 ml) Worcestershire szósz

Bors ízlés szerint

Javallatok:

1. Melegítse elő a légsütőt 400 F-ra.

2. Keverje össze az összes hozzávalót egy tálban.

3. Tegye át a légsütő kosárba.

4. Főzzük 15 percig, a kosarat kétszer megrázva.

Marhahús tippek Adagok: 4

Főzési idő: 12 perc

Hozzávalók:

2 teáskanál hagymapor

1 teáskanál fokhagyma por

2 teáskanál rozmaring, darálva

1 teáskanál paprika

2 evőkanál alacsony nátriumtartalmú kókuszdió aminosav

Bors ízlés szerint

1 kiló steak, csíkokra vágva

Javallatok:

1. Keverje össze az összes fűszert és fűszereket egy tálban.

2. Keverje hozzá a steak csíkokat.

3. Pácoljuk 10 percig.

4. Tegye a légsütő kosarába.

5. Süssük 380 F-on 12 percig, a főzés felénél egyszer-kétszer megforgatva.

Őszibarack csirke adagok: 4-5

Hozzávalók:

2 gerezd darált fokhagyma

¼ c. balzsamecet

4 szeletelt őszibarack

4 bőr nélküli, csont nélküli csirkemell

¼ c. apróra vágott bazsalikom

1 evőkanál. olivaolaj

1 apróra vágott medvehagyma

¼ tk. fekete bors

Javallatok:

1. Melegítse fel az olajat egy serpenyőben közepesen magas lángon.

2. Adjuk hozzá a húst, és fűszerezzük fekete borssal; oldalanként 8 percig sütjük, majd félretesszük egy tányérban pihenni.

3. Ugyanabban a serpenyőben keverje össze a medvehagymát és a fokhagymát; keverjük össze és főzzük 2

percek.

4. Adjuk hozzá az őszibarackot; keverjük össze és főzzük további 4-5 percig.

5. Adjuk hozzá az ecetet, a főtt csirkét és a bazsalikomot; keverjük meg és pároljuk lefedve további 3-4 percig.

6. Forrón tálaljuk.

Tápanyag-információ:Kalória: 270, zsír: 0 g, szénhidrát: 6,6 g, fehérje: 1,5 g, cukrok: 24 g, nátrium: 87 mg

Darált sertés serpenyős adagok: 4

Főzési idő: 15 perc

Hozzávalók:

2 gerezd fokhagyma, felaprítva

2 piros chili, darálva

2 evőkanál olívaolaj

2 dkg sertéspörkölt, darálva

1 pirospaprika, apróra vágva

1 zöldpaprika, apróra vágva

1 paradicsom, felkockázva

½ csésze gomba, félbevágva

Egy csipet tengeri só és fekete bors

1 evőkanál bazsalikom, apróra vágva

2 evőkanál kókuszdió aminosav

Javallatok:

1. Melegíts fel egy serpenyőt az olajjal közepes lángon, add hozzá a fokhagymát, a chilit, a paprikát, a paradicsomot és a gombát, és pirítsd 5 percig.

percek.

2. Adjuk hozzá a húst és a többi hozzávalót, keverjük össze, főzzük közepes lángon további 10 percig, tányérok közé osztjuk és tálaljuk.

Tápanyag-információ:kalória 200, zsír 3, rost 5, szénhidrát 7, fehérje 17

Petrezselymes sertéshús és articsóka adagok: 4

Főzési idő: 35 perc

Hozzávalók:

2 evőkanál balzsamecet

1 csésze konzerv articsóka szív, lecsepegtetve és felnegyedelve 2 evőkanál olívaolaj

2 kiló párolt sertéshús, kockára vágva

2 evőkanál apróra vágott petrezselyem

1 teáskanál kömény, őrölt

1 teáskanál kurkuma por

2 gerezd fokhagyma, felaprítva

Egy csipet tengeri só és fekete bors

Javallatok:

1. Melegíts fel egy serpenyőt az olajjal közepes lángon, add hozzá a húst és pirítsd 5 percig.

2. Adjuk hozzá az articsókát, az ecetet és a többi hozzávalót, keverjük össze, főzzük közepes lángon 30 percig, tányérokra rendezzük és tálaljuk.

Tápanyag-információ:kalória 260, zsír 5, rost 4, szénhidrát 11, fehérje 20

Sertés kakukkfüves édesburgonyával Adagok: 4

Főzési idő: 35 perc

Hozzávalók:

2 édesburgonya, meghámozva és szeletekre vágva 4 sertésszelet

3 újhagyma apróra vágva

1 evőkanál kakukkfű, darálva

2 evőkanál olívaolaj

4 gerezd fokhagyma, felaprítva

Egy csipet tengeri só és fekete bors

½ csésze zöldségleves

½ evőkanál metélőhagyma, darálva

Javallatok:

1. Egy serpenyőben keverje össze a sertésszeleteket a burgonyával és a többi hozzávalóval, óvatosan keverje össze, és 180 °C-on 35 percig főzze.

percek.

2. Mindent tányérokra osztunk és tálaljuk.

Tápanyag-információ:kalória 210, zsír 12,2, rost 5,2, szénhidrát 12, fehérje 10

Vegyes adag sertés curry: 4

Főzési idő: 30 perc

Hozzávalók:

2 evőkanál olívaolaj

4 medvehagyma, darálva

2 gerezd fokhagyma, felaprítva

2 kiló párolt sertéshús, kockára vágva

2 evőkanál vörös curry paszta

1 teáskanál chili paszta

2 evőkanál balzsamecet

¼ csésze zöldségleves

¼ csésze petrezselyem, apróra vágva

Javallatok:

1. Melegíts fel egy serpenyőt az olajjal közepes-nagy lángon, add hozzá a medvehagymát és a fokhagymát, és pirítsd 5 percig.

2. Hozzáadjuk a húst, és további 5 percig pirítjuk.

3. Adjuk hozzá a többi hozzávalót, keverjük össze, főzzük közepes lángon 20 percig, tányérokra rendezzük és tálaljuk.

Tápanyag-információ:kalória 220, zsír 3, rost 4, szénhidrát 7, fehérje 12

Rántott csirke és brokkoli Adagok: 4

Főzési idő: 10 perc

Hozzávalók:

3 evőkanál extra szűz olívaolaj

1 és fél csésze brokkoli rózsa

680 g csont nélküli, bőr nélküli csirkemell apróra vágva

½ hagyma, apróra vágva

½ teáskanál tengeri só

⅛ teáskanál frissen őrölt fekete bors

3 gerezd fokhagyma, felaprítva

2 csésze főtt barna rizs

Javallatok:

1. Melegítse fel az olívaolajat egy tapadásmentes serpenyőben közepesen magas lángon, amíg csillámos nem lesz.

2. Adja hozzá a brokkolit, a csirkét és a hagymát a serpenyőbe, és jól keverje össze.

Tengeri sóval és fekete borssal ízesítjük.

3. Kevergetve sütjük körülbelül 8 percig, vagy amíg a csirke megpirul és átsül.

4. Adjuk hozzá a fokhagymát, és főzzük 30 másodpercig folyamatos keverés mellett, vagy amíg a fokhagyma illatos lesz.

5. Levesszük a tűzről egy tálra, és a főtt barna rizs fölé tálaljuk.

Tápanyag-információ:kalória: 344; zsír: 14,1 g; fehérje: 14,1 g; szénhidrát: 40,9 g; rost: 3,2 g; cukor: 1,2 g; nátrium: 275 mg

Csirke és brokkoli adagok: 4

Hozzávalók:

2 gerezd darált fokhagyma

4 csont nélküli, bőr nélküli csirkemell

½ c. kókuszkrém

1 evőkanál. apróra vágott oregánó

2 c. brokkoli virágok

1 evőkanál. bio olívaolaj

1 c. apróra vágott vöröshagyma

Javallatok:

1. Melegíts fel egy serpenyőt, miközben olajat használunk közepesen erős lángon, tegyük bele a csirkemelleket, és süssük mindkét oldalát 5 percig.

2. Adjuk hozzá a hagymát és a fokhagymát, keverjük össze és főzzük további 5 percig.

3. Adjuk hozzá az oregánót, a brokkolit és a tejszínt, keverjük össze az egészet, főzzük további tíz percig, osztjuk tányérok között, és tálaljuk.

4. Jó szórakozást!

Tápanyag-információ:Kalória: 287, zsír: 10 g, szénhidrát: 14 g, fehérje: 19 g, cukrok: 10 g, nátrium: 1106 mg

Mediterrán csirkemell zöldségekkel Adagok: 4

Főzési idő: 20 perc

Hozzávalók:

4 csont nélküli, bőr nélküli csirkemell (4 uncia / 113 g) 2 evőkanál avokádóolaj

1 csésze szeletelt cremini

1 csésze csomagolt apróra vágott friss spenót

1 pint koktélparadicsom félbevágva

½ csésze apróra vágott friss bazsalikom

½ vöröshagyma, vékonyra szeletelve

4 gerezd fokhagyma, felaprítva

2 teáskanál balzsamecet

Javallatok:

1. Melegítse elő a sütőt 205 ºC-ra (400 ºF).

2. Tegye a csirkemellet egy nagy serpenyőbe, és kenje meg bőségesen avokádóolajjal.

3. Keverje össze a gombát, a spenótot, a paradicsomot, a bazsalikomot, a lilahagymát, a szegfűszeget és az ecetet egy közepes tálban, és keverje össze. Minden csirkemellet szórjunk meg a zöldségkeverék ¼-ével.

4. Előmelegített sütőben kb 20 percig sütjük, vagy amíg a belső hőmérséklet legalább 74°C-ra nem ér, és villával megszurkálva a leve kiürül.

5. Tálalás előtt 5-10 percig pihentetjük a csirkét.

Tápanyag-információ:kalória: 220; zsír: 9,1 g; fehérje: 28,2 g; szénhidrát: 6,9 g; rost: 2,1 g; cukor: 6,7 g; nátrium: 310 mg

Hidden Valley csirkedobos adagok: 6-8

Hozzávalók:

2 evőkanál. Csípős szósz

½ c. olvasztott vaj

Zellerszár

2 csomag Hidden Valley fűszeres száraz keverék

3 evőkanál. Ecet

12 csirkecomb

Paprika

Javallatok:

1. Melegítse elő a sütőt 350 0F-ra.

2. Öblítse le és szárítsa meg a csirkét.

3. Egy tálban keverjük össze a száraz fűszereket, az olvasztott vajat, az ecetet és a forró mártást. Keverjük össze, amíg össze nem áll.

4. Tegye a pálcikákat egy nagy műanyag zacskóba, öntse a pálcikára a szószt. A mártást addig masszírozzuk, amíg be nem vonja a combokat.

5. Helyezze a csirkét egy rétegben egy tepsire. Megszórjuk paprikával.

6. Főzzük 30 percig, a főzés felénél megfordítjuk.

7. Crudités-szel vagy salátával tálaljuk.

Tápanyag-információ:Kalória: 155, zsír: 18 g, szénhidrát: 96 g, fehérje: 15 g, cukrok: 0,7 g, nátrium: 340 mg

Csirke és bab balzsamecettel Adagok: 4

Hozzávalók:

1 font frissen vágott zöldbab

¼ c. balzsamecet

2 szeletelt mogyoróhagyma

2 evőkanál. chili paprika darabokat

4 bőr nélküli, csont nélküli csirkemell

2 gerezd darált fokhagyma

3 evőkanál. Extra szűz olívaolaj

Javallatok:

1. Keverjünk össze 2 evőkanál olívaolajat a balzsamecettel, a fokhagymával és a medvehagymával. Ráöntjük a csirkemellekre, és egy éjszakára hűtőbe tesszük.

2. Másnap melegítse elő a sütőt 375 0F-ra.

3. Vegye ki a csirkét a pácból, és helyezze el egy sekély serpenyőben. Dobja ki a pác többi részét.

4. 40 percig sütjük.

5. Amíg a csirke sül, forraljunk fel egy nagy fazék vizet.

6. Tegye a zöldbabot a vízbe, és hagyja főni öt percig, majd csepegtesse le.

7. Egy evőkanál olívaolajat hevítünk az edényben, és öblítés után tegyük vissza a zöldbabot.

8. Keverjük össze pirospaprika pehellyel.

Tápanyag-információ:Kalória: 433, zsír: 17,4 g, szénhidrát: 12,9 g, fehérje: 56,1

g, cukrok: 13 g, nátrium: 292 mg

Olasz sertéshús adagok: 6

Főzési idő: 1 óra

Hozzávalók:

2 kiló sertéssült

3 evőkanál olívaolaj

2 teáskanál szárított oregánó

1 evőkanál olasz fűszer

1 teáskanál szárított rozmaring

1 teáskanál szárított bazsalikom

3 gerezd fokhagyma, felaprítva

¼ csésze zöldségleves

Egy csipet só és fekete bors

Javallatok:

1. Egy serpenyőben keverjük össze a sertéssültet az olajjal, az oregánóval és a többi hozzávalóval, keverjük össze és süssük 180°C-on 1 órán át.

2. A sültet szeletekre vágjuk, a többi hozzávalóval együtt tányérokra osztjuk és tálaljuk.

Tápanyag-információ:kalória 580, zsír 33,6, rost 0,5, szénhidrát 2,3, fehérje 64,9

Csirke és kelbimbó adagok: 4

Hozzávalók:

1 alma kimagozva, meghámozva és apróra vágva

1 apróra vágott sárgahagyma

1 evőkanál. bio olívaolaj

3 c. apróra vágott kelbimbó

1 kg darált csirke

fekete bors

Javallatok:

1. Melegítsen fel egy serpenyőt az olaj segítségével közepesen magas lángon, adja hozzá a csirkét, keverje meg és pirítsa 5 percig.

2. Adjuk hozzá a kelbimbót, a hagymát, a fekete borsot és az almát, keverjük össze, főzzük 10 percig, osszuk el tálak között, és tálaljuk.

3. Jó szórakozást!

Tápanyag-információ:Kalória: 200, zsír: 8 g, szénhidrát: 13 g, fehérje: 9 g, cukrok: 3,3 g, nátrium: 194 mg

A csirke kanapé hozzávalói:

1 c. pirítós

1 c. brokkoli megfőzve és felkockázva

½ c. vízesés

1 c. reszelt extra csípős cheddar sajt

1/2 lb főtt csont és bőr nélküli csirkedarabok 1 doboz gombaleves

Javallatok:

1. Melegítse elő a sütőt 350°F-ra

2. Egy nagy fazékban felforrósítjuk a levest és a vizet. Adjuk hozzá a csirkét, a brokkolit és a sajtot. Óvatosan keverje össze.

3. Öntsük egy kivajazott tepsibe.

4. Rendezzük el a krutonokat a keveréken.

5. Süssük 30 percig, vagy amíg a rakott pecsenyés és a kruton aranybarna nem lesz.

Tápanyag-információ:Kalória: 380, zsír: 22 g, szénhidrát: 10 g, fehérje: 25 g, cukrok: 2 g, nátrium: 475 mg

Csirke parmezán adagok: 4

Főzési idő: 10 perc

Hozzávalók:

4 csirkemell filé

2 teáskanál fokhagymapor

2 teáskanál olasz fűszerkeverék

Bors ízlés szerint

¼ csésze parmezán

½ csésze zsemlemorzsa

1 csésze zsemlemorzsa

2 felvert tojás

Főző spray

Javallatok:

1. A csirkemellet elsimítjuk a húspuhítóval.

2. Fokhagymaporral, olasz fűszerezéssel és borssal ízesítjük.

3. Egy tálban összekeverjük a mandulalisztet és a parmezánt.

4. Adja hozzá a tojásokat egy másik tálba.

5. A csirkefilét mártsuk a tojásba, majd a lisztbe.

6. Permetezzen be olajjal.

7. Helyezze a légsütőbe.

8. Süssük oldalanként 350 F-on 10 percig.

Pazar indiai csirke curry adagok: 6

Főzési idő: 20 perc

Hozzávalók:

2 evőkanál kókuszolaj, osztva

2 csont nélküli, bőr nélküli csirkemell (4 uncia / 113 g), apró darabokra vágva

2 közepes sárgarépa, kockára vágva

1 kis fehér hagyma, felkockázva

1 evőkanál frissen darált gyömbér

6 gerezd fokhagyma, felaprítva

1 csésze cukorborsó, kockára vágva

1 doboz (153 g) cukrozatlan kókusztejszín 1 evőkanál cukormentes halszósz

1 csésze alacsony nátriumtartalmú csirkehúsleves

½ csésze kockára vágott paradicsom, levével

1 evőkanál curry por

¼ teáskanál tengeri só

Csipetnyi cayenne bors, ízlés szerint

Frissen őrölt fekete bors, ízlés szerint

¼ csésze szűrt víz

Javallatok:

1. Melegítsünk fel 1 evőkanál kókuszolajat egy tapadásmentes serpenyőben közepesen magas lángon, amíg elolvad.

2. Tegye a csirkemelleket a serpenyőbe, és főzze 15 percig, vagy amíg a csirkemell legvastagabb részébe helyezett azonnali leolvasású hőmérő legalább 74°C-ot nem jelez. A főzés felénél fordítsuk meg a csirkemelleket.

3. Közben egy külön serpenyőben a maradék kókuszolajat közepes lángon felolvadásig hevítjük.

4. Adja hozzá a sárgarépát, a hagymát, a gyömbért és a fokhagymát a serpenyőbe, és párolja 5 percig, vagy amíg illatos lesz, és a hagyma áttetsző lesz.

5. Adja hozzá a borsót, a kókusztejszínt, a halszószt, a csirkelevest, a paradicsomot, a curryport, a sót, a cayenne borsot, a fekete borsot és a vizet. Keverjük jól össze.

6. Forraljuk fel. Csökkentse a hőt közepes-alacsonyra, majd párolja 10 percig.

7. Tegye a főtt csirkét a második serpenyőbe, majd főzze 2 percig több percet, hogy jól kombinálódjon.

8. Öntse a curryt egy nagy tálra, majd azonnal tálalja.

Tápanyag-információ:kalória: 223; zsír: 15,7 g; fehérje: 13,4 g; szénhidrát: 9,4 g

; rost: 3,0 g; cukor: 2,3 g; nátrium: 673 mg

Sertés balzsamos hagymaszósszal Adagok: 4

Főzési idő: 35 perc

Hozzávalók:

1 db sárgahagyma apróra vágva

4 medvehagyma, darálva

2 evőkanál avokádó olaj

1 evőkanál rozmaring, darálva

1 evőkanál reszelt citromhéj

2 kiló sertéssült, szeletelve

2 evőkanál balzsamecet

½ csésze zöldségleves

Egy csipet tengeri só és fekete bors

Javallatok:

1. Melegíts fel egy serpenyőt az olajjal közepes lángon, add hozzá a hagymát és a medvehagymát, és pirítsd 5 percig.

2. Adjuk hozzá a többi hozzávalót a hús kivételével, keverjük össze és pároljuk 5 percig.

3. Adjuk hozzá a marhahúst, óvatosan keverjük össze, főzzük közepes lángon 25 percig, osztjuk tányérokra és tálaljuk.

Tápanyag-információ:kalória 217, zsír 11, rost 1, szénhidrát 6, fehérje 14

373. FasírtAdagok: 4

Főzési idő: 30 perc

Hozzávalók:

1 kiló sovány darált marhahús

3 evőkanál zsemlemorzsa

1 hagyma, apróra vágva

1 evőkanál friss kakukkfű apróra vágva

Fokhagyma por ízlés szerint

Bors ízlés szerint

2 gomba, apróra vágva

1 evőkanál olívaolaj

Javallatok:

1. Melegítse elő légsütőjét 392 F-ra.

2. Keverje össze az összes hozzávalót egy tálban.

3. Nyomja a keveréket egy kis serpenyőbe.

4. Tegye a serpenyőt a légsütő kosarába.

5. 30 percig sütjük.

Sertés körtével és gyömbérrel, adagok: 4

Főzési idő: 35 perc

Hozzávalók:

2 zöldhagyma, apróra vágva

2 evőkanál avokádó olaj

2 kiló sertéssült, szeletelve

½ csésze kókuszdió aminosav

1 evőkanál gyömbér, darálva

2 körte kimagozva és kockákra vágva

¼ csésze zöldségleves

1 evőkanál metélőhagyma, darálva

Javallatok:

1. Melegíts fel egy serpenyőt az olajjal közepes lángon, add hozzá a hagymát és a húst, és pirítsd meg mindkét oldalát 2 percig.

2. Adjuk hozzá a többi hozzávalót, óvatosan keverjük össze és süssük 390 fokon

F fokon 30 percig.

3. A keveréket tányérokra osztjuk és tálaljuk.

Tápanyag-információ:kalória 220, zsír 13,3, rost 2, szénhidrát 16,5, fehérje 8

Vajas csirke adagok: 6

Hozzávalók:

8 gerezd fokhagyma apróra vágva

¼ c. apróra vágott zsírszegény sótlan vaj

Frissen őrölt fekete bors

6 oz. bőr nélküli, csont nélküli csirkecomb

1 teáskanál. citrom és bors

Javallatok:

1. Tegye egy nagy lassú tűzhelybe a csirkecombokat.

2. A csirkecombokat egyenletesen bekenjük a vajjal.

3. Egyenletesen megszórjuk fokhagymával, citromborssal és fekete borssal.

4. Állítsa a lassú tűzhelyet minimumra.

5. Fedjük le és főzzük körülbelül 6 órán keresztül.

Tápanyag-információ:Kalória: 438, zsír: 28 g, szénhidrát: 14 g, fehérje: 30 g, cukrok: 2 g, nátrium: 700 mg

Fűszeres csirkeszárny adagok: 4-5

Hozzávalók:

2 evőkanál. édesem

½ rúd margarin

2 evőkanál. Cayenne-i bors

1 üveg durkee csípős szósz

10-20 csirkeszárny

10 Tabasco szósz shake

Javallatok:

1. Egy mély fazékban felforrósítjuk a repceolajat. A szárnyakat süssük készre, körülbelül 20 percig.

2. Egy közepes tálban keverje össze a csípős szószt, a mézet, a Tabasco szószt és a cayenne borsot. Jól összekeverni.

3. A főtt szárnyakat papírtörlőre helyezzük. Lecsepegtetjük a felesleges olajat.

4. A csirkeszárnyakat mártsuk a szószba, amíg egyenletes bevonat nem lesz.

Tápanyag-információ:Kalória: 102, zsír: 14 g, szénhidrát: 55 g, fehérje: 23 g, cukrok: 0,3 g, nátrium: 340 mg

Csirke, tészta és hóborsó Adagok: 1-2

Hozzávalók:

Frissen őrölt bors

2 és fél csésze penne tészta

1 standard doboz paradicsomos bazsalikomszósz 1 c. hóborsót félbevágjuk és meghámozzuk

1 lb csirkemell

1 teáskanál. olivaolaj

Javallatok:

1. Egy közepes serpenyőben hevítsük fel az olívaolajat. A csirkemelleket sóval, borssal ízesítjük. A csirkemelleket oldalanként körülbelül 5-7 percig sütjük, amíg meg nem puhul.

2. Főzzük ki a tésztát a csomagoláson található utasítások szerint. Hóborsót főzzünk tésztával.

3. Gyűjts össze 1 csésze vizet a tésztához. A tésztát és a borsót leszűrjük, félretesszük.

4. Ha a csirke megsült, átlósan felvágjuk.

5. Tegye vissza a csirkét a serpenyőbe. Adjuk hozzá a tésztaszószt. Ha a keverék száraznak tűnik.

6. Adjunk hozzá egy kevés vizet a tésztához, amíg el nem érjük a kívánt állagot. Melegítsetek együtt.

7. Tálkákba osztva azonnal tálaljuk.

Tápanyag-információ:Kalória: 140, zsír: 17 g, szénhidrát: 52 g, fehérje: 34 g, cukrok: 2,3 g, nátrium: 400 mg

378. HúsgombócAdagok: 4

Főzési idő: 15 perc

Hozzávalók:

Főző spray

2 kiló sovány darált marhahús

¼ csésze hagyma, darált

2 gerezd fokhagyma, felaprítva

2 evőkanál apróra vágott petrezselyem

Bors ízlés szerint

½ teáskanál pirospaprika pehely

1 teáskanál olasz fűszer

Javallatok:

1. Fújja be olajjal a légsütő kosarát.

2. Egy tálban keverjük össze a többi hozzávalót.

3. A keverékből fasírtokat formázunk.

4. Tegye a légsütő kosarába.

5. Főzzük 15 percig, egyszer-kétszer megrázva.

Sárgabarack csirkeszárny adagok: 3-4

Hozzávalók:

1 közepes üveg sárgabarackbefőtt

1 csomag Lipton száraz hagymaleves keverék

1 közepes üveg orosz fűszer

2 font. csirkeszárnyak

Javallatok:

1. Melegítse elő a sütőt 350°F-ra.

2. Öblítse le és szárítsa meg a csirkeszárnyakat.

3. Helyezze a csirkeszárnyakat a sütőlapra, egy rétegben.

4. 45-60 percig főzzük, félidőben megforgatjuk.

5. Egy közepes tálban keverje össze a Lipton leveskeveréket, a kajszibarackkonzervet és az orosz fűszerezést.

6. Ha a szárnyak megsültek, meglocsoljuk őket a szósszal, amíg a darabokat be nem vonják.

7. Körettel azonnal tálaljuk.

Tápanyag-információ: Kalória: 162, zsír: 17 g, szénhidrát: 76 g, fehérje: 13 g, cukrok: 24 g, nátrium: 700 mg

Csirkecombok Adagok: 4

Főzési idő: 20 perc

Hozzávalók:

4 csirkecomb filé

2 teáskanál olívaolaj

1 teáskanál fokhagyma por

1 teáskanál paprika

Bors ízlés szerint

Javallatok:

1. Melegítse elő a légsütőt 400 F-ra.

2. Kenjük be a csirkét az olajjal.

3. A csirke mindkét oldalát megszórjuk fokhagymaporral, paprikával és borssal.

4. 20 percig levegőn sütjük.

Ropogós csirke rögök Adagok: 4

Főzési idő: 10 perc

Hozzávalók:

1 kiló csirkeszelet

1 evőkanál olívaolaj

Panírozás

¼ csésze zsemlemorzsa

1 teáskanál paprika

Bors ízlés szerint

¼ teáskanál fokhagymapor

¼ teáskanál hagymapor

Csípje meg a cayenne borsot

Javallatok:

1. Melegítse elő a légsütőt 390 F-ra.

2. Kenjük meg a csirkét olívaolajjal.

3. Egy tálban keverjük össze a panírozás hozzávalóit.

4. Fedjük be a csirkét a panírozással.

5. Helyezze a légsütő kosárba.

6. 3-5 percig főzzük.

7. Fordítsa meg és főzze további 3 percig.

Champion csirke zsebek adagok: 4

Hozzávalók:

½ c. apróra vágott brokkoli

2 szelet teljes kiőrlésű pita kenyér félbevágva

¼ c. palackozott zsírszegény ranch salátaöntet ¼ c. pekándió vagy apróra vágott dió

1 és fél csésze. darált főtt csirke

¼ c. zsírszegény natúr joghurt

¼ c. apróra vágott sárgarépa

Javallatok:

1. Egy kis tálban keverjük össze a joghurtot és a ranch salátaöntetet.

2. Egy közepes tálban keverje össze a csirkét, a brokkolit, a sárgarépát és kívánt esetben a diót. Öntsük a joghurtos keveréket a csirkére; feldobni a kabátot.

3. Öntse a csirkemeveréket a pita felekbe.

Tápanyag-információ:Kalória: 384, zsír: 11,4 g, szénhidrát: 7,4 g, fehérje: 59,3 g, cukrok: 1,3 g, nátrium: 368,7 mg

Grillezett csirke nuggets Adagok: 4

Hozzávalók:

1 közepes kaliforniai paprika kockára vágva

1 evőkanál. repceolaj

1 c. csípős, fűszeres és édes barbecue szósz Frissen őrölt fekete bors

1 közepes vöröshagyma felkockázva

1 kg csont nélküli, bőr nélküli csirkemell

3 gerezd darált fokhagyma

Javallatok:

1. A csirkemelleket megmossuk és megszárítjuk. Vágjuk falatnyi darabokra.

2. Melegítse fel az olajat egy nagy serpenyőben közepes lángon. Hozzáadjuk a csirkét, a hagymát, a fokhagymát és a kaliforniai paprikát, és kevergetve 5 percig főzzük.

3. Adja hozzá a barbecue szószt, és keverje össze. Csökkentse a hőt közepes-alacsonyra, és fedje le a serpenyőt. Főzzük gyakran kevergetve, amíg a csirke meg nem fő, körülbelül 15 percig.

4. Vegyük le a tűzről. Ízlés szerint frissen őrölt fekete borssal ízesítjük, és azonnal tálaljuk.

<u>Tápanyag-információ:</u>Kalória: 191, zsír: 5 g, szénhidrát: 8 g, fehérje: 27 g, cukrok: 0 g, nátrium: 480 mg

Vegyes adag csirke és retek: 4

Hozzávalók:

10 félbevágott retek

1 evőkanál. bio olívaolaj

2 evőkanál. Apróra vágott metélőhagyma

1 c. alacsony nátriumtartalmú csirkehúsleves

4 csirke dolog

fekete bors

Javallatok:

1. Melegíts fel egy serpenyőt az összes olajjal közepesen magas lángon, add hozzá a csirkét, ízesítsd fekete borssal és pirítsd 6 percig mindkét oldalát.

2. Adjuk hozzá a húslevest és a retket, mérsékeljük a hőt közepesre, és pároljuk húsz percig.

3. Hozzáadjuk a metélőhagymát, megkeverjük, tányérokra osztjuk és tálaljuk.

4. Jó szórakozást!

Tápanyag-információ:Kalória: 247, zsír: 10 g, szénhidrát: 12 g, fehérje: 22 g, cukrok: 1,1 g, nátrium: 673 mg

Csirke Katsu adagok: 4

Főzési idő: 20 perc

Hozzávalók:

Katsu szósz

2 evőkanál szójaszósz

½ csésze ketchup

1 evőkanál sherry

1 evőkanál barna cukor

2 teáskanál Worcestershire szósz

1 teáskanál fokhagyma, darálva

Csirke

1 kiló csirkemell bélszín, szeletelve

Bors ízlés szerint

Csipet fokhagyma por

1 evőkanál olívaolaj

1 1/2 csésze zsemlemorzsa

Főző spray

Javallatok:

1. Keverje össze a katsu szósz hozzávalóit egy tálban. Lezár ügyet.

2. Melegítse elő a légsütőt 350 F-ra.

3. A csirkét borsozzuk.

4. Kenjük meg a csirkét az olajjal, és forgassuk meg a zsemlemorzsában.

5. Helyezze a légsütő kosárba.

6. Permetezzen be olajjal.

7. A légsütőben oldalanként 10 percig sütjük.

8. Mártással tálaljuk.

Csirke és édesburgonya pörkölt adagok: 4

Főzési idő: 40 perc

Hozzávalók:

1 evőkanál extra szűz olívaolaj

2 gerezd fokhagyma, szeletelve

1 fehér hagyma, apróra vágva

14 uncia (397 g) paradicsom apróra vágva

2 evőkanál apróra vágott rozmaringlevél

Tengeri só és őrölt fekete bors, ízlés szerint

4 szabadtartású bőr nélküli csirkecomb

4 édesburgonya, meghámozva és felkockázva

2 evőkanál bazsalikomlevél

Javallatok:

1. Melegítse elő a sütőt 190°C-ra (375°F).

2. Melegítse fel az olívaolajat egy tapadásmentes serpenyőben közepes lángon, amíg csillogó nem lesz.

3. Adja hozzá a fokhagymát és a hagymát a serpenyőbe, és párolja 5 percig, vagy amíg illatos lesz, és a hagyma áttetsző lesz.

4. Adjuk hozzá a paradicsomot, a rozmaringot, a sót és az őrölt fekete borsot, és főzzük 15 percig, vagy amíg kissé besűrűsödik.

5. A csirkecombot és az édesburgonyát egy tepsibe rendezzük, majd a keveréket a serpenyőbe öntjük a csirkére és az édesburgonyára. Keverjük jól bevonni. Felöntjük annyi vízzel, hogy a folyadék ellepje a csirkét és az édesburgonyát.

6. Előmelegített sütőben 20 percig sütjük, vagy amíg a csirke belső hőmérséklete legalább 74ºC-ra nem ér.

7. Vegye ki a serpenyőt a sütőből, és öntse egy nagy tálba. Megszórjuk bazsalikommal és tálaljuk.

Tápanyag-információ:kalória: 297; zsír: 8,7 g; fehérje: 22,2 g; szénhidrát: 33,1 g

; rost: 6,5 g; cukor: 9,3 g; nátrium: 532 mg

Marhaborda rozmaringgal Adagok: 4

Főzési idő: 2 óra

Hozzávalók:

680 g csont nélküli marhahús tarja

½ teáskanál fokhagymapor

1 teáskanál sót

½ teáskanál frissen őrölt fekete bors

2 evőkanál olívaolaj

2 csésze alacsony nátriumtartalmú marhahúsleves

1 pohár vörösbor

4 szál rozmaring

Javallatok:

1. Melegítsük elő a sütőt 180ºC-ra.

2. Tiszta munkafelületen dörzsölje be a bordákat fokhagymaporral, sóval és fekete borssal. 10 percig pihentetjük.

3. Melegítse fel az olívaolajat egy sütőben használható serpenyőben közepesen magas lángon.

4. Adja hozzá a pótbordákat, és süsse 5 percig, vagy amíg aranybarna nem lesz.

Félidőben fordítsa meg a bordákat. Tegye át a bordákat egy tálra, és tegye félre.

5. Öntsük a serpenyőbe a marhahúslevest és a vörösbort. Keverjük jól össze, és forraljuk fel. Vedd le a hőt alacsonyra, és párold 10 percig

percig, amíg a keverék kétharmadára csökken.

6. Tegye vissza a bordákat a serpenyőbe. Adjuk hozzá a rozmaring ágakat. Fedjük le a serpenyőt, majd pároljuk az előmelegített sütőben 2 órán át, amíg a borda belső hőmérséklete el nem éri a 74 fokot.

7. Tegye át a bordákat egy nagy tálra. Dobja el a rozmaring ágakat.

Öntsük hozzá a főzőfolyadékot, és forrón tálaljuk.

Tápanyag-információ:kalória: 731; zsír: 69,1 g; szénhidrát: 2,1 g; rost: 0g; fehérje: 25,1 g; nátrium: 781 mg

Csirke, paprika és spenótos omlett adagok: 8

Hozzávalók:

¾ c. fagyasztott apróra vágott spenót

¼ tk. fokhagyma por

¼ c. apróra vágott vöröshagyma

1 1/3 c. finomra vágott főtt csirke

8 tojás

Frissen őrölt fekete bors

1½ c. apróra vágott és kimagozott pirospaprika

Javallatok:

1. Kenjünk ki egy nagy lassú tűzhelyet.

2. Egy tálban hozzáadjuk a tojást, a fokhagymaport és a fekete borsot, és jól felverjük.

3. Helyezze a többi hozzávalót az előkészített lassú tűzhelybe.

4. Öntse a tojásos keveréket a csirkehús keverékre, és óvatosan keverje össze.

5. Fedjük le és főzzük körülbelül 2-3 órán keresztül.

Tápanyag-információ:Kalória: 250,9, zsír: 16,3 g, szénhidrát: 10,8 g, fehérje: 16,2 g, cukrok: 4 g, nátrium: 486 mg

Dal sült csirke adagok: 4

Hozzávalók:

15 oz öblített lencse

¼ c. zsírszegény natúr joghurt

1 kisebb hagyma apróra vágva

4 c. csont nélküli, bőr nélküli, sült csirke 2 tk. curry por

1 1/2 tk. Repceolaj

14 oz. tűzön sült kockára vágott paradicsom

¼ tk. só

Javallatok:

1. Melegítse fel az olajat egy nagy serpenyőben közepesen magas lángon.

2. Adjuk hozzá a hagymát, és keverjük, amíg megpuhul, de nem barnul meg 3-4 percig.

3. Hozzáadjuk a curryport, és kevergetve addig főzzük, amíg a hagymával össze nem keveredik és intenzíven aromás lesz, 20-30 másodpercig.

4. Hozzákeverjük a lencsét, a paradicsomot, a csirkét és a sót, és gyakran kevergetve addig főzzük, amíg át nem melegszik.

5. Vegyük le a tűzről és adjuk hozzá a joghurtot. Azonnal tálaljuk.

Tápanyag-információ:Kalória: 307, zsír: 6 g, szénhidrát: 30 g, fehérje: 35 g, cukrok: 0,1 g, nátrium: 361 mg

Taquitos csirke adagok: 6

Főzési idő: 20 perc

Hozzávalók:

1 teáskanál növényi olaj

1 hagyma, apróra vágva

2 evőkanál zöldpaprika, darálva

1 gerezd fokhagyma, felaprítva

1 csésze csirke, főtt

2 evőkanál forró szósz

½ csésze csökkentett nátriumtartalmú sajtkeverék

Bors ízlés szerint

Kukorica tortilla, újramelegítve

Főző spray

Javallatok:

1. Öntsük egy serpenyőbe közepes lángon.

2. Főzzük a hagymát, a zöld chilit és a fokhagymát 5 percig, gyakran kevergetve.

3. Keverjük össze a többi hozzávalót a tortillák kivételével.

4. 3 percig főzzük.

5. Adja hozzá a keveréket a tortillák tetejére.

6. Tekerjük fel a tortillákat.

7. Melegítse elő a légsütőt 400 F-ra.

8. Helyezze a légsütő kosárba.

9. Főzzük 10 percig.

10. .

Oregánó sertéshús adagok: 4

Főzési idő: 8 óra

Hozzávalók:

2 kiló sertéssült, szeletelve

2 evőkanál oregánó, darálva

¼ csésze balzsamecet

1 csésze paradicsompüré

1 evőkanál édes paprika

1 teáskanál hagymapor

2 evőkanál chili por

2 gerezd fokhagyma, felaprítva

Egy csipet só és fekete bors

Javallatok:

1. Lassú tűzhelyedben keverd össze a sült oregánóval, ecettel és más hozzávalókkal, keverd meg, tedd rá a fedőt és főzd alacsony lángon 8 órán át.

2. Mindent tányérokra osztunk és tálaljuk.

Tápanyag-információ:kalória 300, zsír 5, rost 2, szénhidrát 12, fehérje 24

Sült avokádós csirke adagok: 4

Hozzávalók:

2 zöldhagyma szár vékonyra szeletelve

Pépázott avokádó

170 g zsírszegény görög joghurt

1 ¼ g sót

4 csirkemell

15 g megfeketedett fűszerezés

Javallatok:

1. Kezdje azzal, hogy a csirkemellet egy műanyag cipzáras zacskóba helyezze a megfeketedett öntettel. Zárja le és rázza fel, majd pácolja körülbelül 2-5 percig.

2. Amíg a csirke pácolódik, tedd turmixgépbe a görög joghurtot, a tört avokádót és a sót, és turmixold simára.

3. Helyezzen egy nagy serpenyőt vagy öntöttvas serpenyőt a tűzhelyre közepes lángon, zsírozza ki a serpenyőt, és süsse a csirkét, amíg meg nem fő. Körülbelül 5 percre lesz szüksége oldalanként. A levét azonban ne szárítsa ki, és tálalja, amint a hús megsült.

4. Felöntjük a joghurtos keverékkel.

Tápanyag-információ:Kalória: 296, Zsír: 13,5 g, Szénhidrát: 6,6 g, Fehérje: 35,37

g, cukrok: 0,8 g, nátrium: 173 mg

Sült kacsamell öt fűszerrel Adagok: 4

Hozzávalók:

1 teáskanál. öt fűszerpor

¼ tk. kukoricakeményítő

2 narancs leve és héja

1 evőkanál. alacsony nátriumtartalmú szójaszósz

2 font. csont nélküli kacsamell

½ tk. kóser só

2 tk. édesem

Javallatok:

1. Melegítse elő a sütőt 375 0F-ra.

2. Tegye a kacsa bőrével lefelé egy vágódeszkára. Vágja le az oldalról lelógó felesleges bőrt. Fordítsa meg, és vágjon be három párhuzamos és átlós vágást minden mell bőrébe, a zsírt vágja le, de a húst ne. Mindkét oldalát megszórjuk öt fűszerporral és sóval.

3. Tegye a kacsa bőrével lefelé egy tapadásmentes serpenyőbe közepes-alacsony lángon.

4. Körülbelül 10 percig főzzük, amíg a zsír elolvad és a bőre aranybarna lesz. Tegye át a kacsát egy tányérra; öntsük ki az összes zsírt a serpenyőből. Tegye vissza a kacsát a tepsibe bőrével felfelé, és tegye be a sütőbe.

5. Süsse a kacsát közepes lángon 10-15 percig, a mell méretétől függően, amíg a legvastagabb részbe szúrt hőmérő 150 0F-ot nem mutat.

6. Tegye át vágódeszkára; 5 percig pihentetjük.

7. A serpenyőben lecsepegtetjük a maradék zsírt (vigyázz, a nyél még forró lesz); helyezzük a serpenyőt közepesen magas lángra, és adjuk hozzá a narancslevet és a mézet. Forraljuk fel, kevergetve, hogy a megbarnult darabokat kikaparjuk.

8. Adjuk hozzá a narancshéjat és a szójaszószt, és főzzük tovább, amíg a szósz enyhén csökken, körülbelül 1 percig. Keverje hozzá a kukoricakeményítő keveréket, majd keverje a szószba; kevergetve enyhén besűrűsödésig főzzük, 1

perc.

9. A kacsa bőrét lehúzzuk, a mellhúst vékonyan felszeleteljük. Meglocsoljuk a narancsszósszal.

Tápanyag-információ:Kalória: 152, zsír: 2 g, szénhidrát: 8 g, fehérje: 24 g, cukrok: 5 g, nátrium: 309 mg

Sertésszelet paradicsomszósszal Adagok: 4

Főzési idő: 15 perc

Hozzávalók:

4 sertésszelet

1 evőkanál olívaolaj

4 medvehagyma, darálva

1 teáskanál kömény, őrölt

½ evőkanál csípős paprika

1 teáskanál fokhagyma por

Egy csipet tengeri só és fekete bors

1 kisebb vöröshagyma apróra vágva

2 paradicsom, felkockázva

2 evőkanál limelé

1 jalapeño, apróra vágva

¼ csésze koriander, apróra vágva

1 evőkanál lime lé

Javallatok:

1. Melegíts fel egy serpenyőt az olajjal közepes lángon, add hozzá a medvehagymát és pirítsd 5 percig.

2. Adjuk hozzá a marhahúst, a köménypaprikát, a fokhagymaport, sózzuk és borsozzuk, keverjük össze, süssük oldalanként 5 percig, és osszuk el a tányérok között.

3. Egy tálban összedolgozzuk a paradicsomot a többi hozzávalóval, összekeverjük, a karaj mellé osztjuk, és tálaljuk.

<u>Tápanyag-információ:</u>kalória 313, zsír 23,7, rost 1,7, szénhidrát 5,9, fehérje 19,2

Toszkán csirke paradicsommal, olajbogyóval és cukkinivel

Adagok: 4

Főzési idő: 20 perc

Hozzávalók:

4 csont nélküli, bőr nélküli csirkemell fél, ½-3/4 hüvelyk vastagra feltörve

1 teáskanál fokhagyma por

½ teáskanál tengeri só

⅛ teáskanál frissen őrölt fekete bors

2 evőkanál extra szűz olívaolaj

2 csésze koktélparadicsom

½ csésze szeletelt zöld olajbogyó

1 cukkini, apróra vágva

¼ pohár száraz fehérbor

Javallatok:

1. Tiszta munkafelületen dörzsölje be a csirkemelleket fokhagymaporral, sóval és őrölt fekete borssal.

2. Melegítse fel az olívaolajat egy tapadásmentes serpenyőben közepesen magas lángon, amíg csillámos nem lesz.

3. Adjuk hozzá a csirkét, és főzzük 16 percig, vagy amíg a belső hőmérséklet legalább 74 ºC el nem éri. A főzés felénél fordítsuk meg a csirkét. Tegyük át egy nagy tányérra, és fedjük le alufóliával, hogy melegen tartsuk.

4. Adjuk hozzá a paradicsomot, az olajbogyót és a cukkinit a serpenyőbe, és pároljuk 4 percig, vagy amíg a zöldségek megpuhulnak.

5. Adjuk hozzá a fehérbort a serpenyőbe, és pároljuk 1 percig.

6. Távolítsuk el az alufóliát, és borítsuk be a csirkét a zöldségekkel és a mártásukkal, majd forrón tálaljuk.

Tápanyag-információ:kalória: 172; zsír: 11,1 g; fehérje: 8,2 g; szénhidrát: 7,9 g; rost: 2,1 g; cukor: 4,2 g; nátrium: 742 mg

Sertés saláta adagok: 4

Főzési idő: 10 perc

Hozzávalók:

1 kiló párolt sertéshús, csíkokra vágva

3 evőkanál olívaolaj

4 medvehagyma, darálva

2 evőkanál citromlé

2 evőkanál balzsamecet

2 csésze vegyes saláta

1 avokádó, meghámozva, kimagozva és durvára vágva 1 uborka, szeletelve

2 paradicsom, felkockázva

Egy csipet só és fekete bors

Javallatok:

1. Melegíts fel egy serpenyőt 2 evőkanál olajjal közepes lángon, add hozzá a medvehagymát, a húst és a citromlevet, keverd meg és főzd 10 percig.

percek.

2. Keverje össze a salátát a hússal és a többi hozzávalóval egy salátástálban, keverje össze és tálalja.

<u>Tápanyag-információ:</u>kalória 225, zsír 6,4, rost 4, szénhidrát 8, fehérje 11

Lime sertéshús és zöldbab adagok: 4

Főzési idő: 40 perc

Hozzávalók:

2 kiló párolt sertéshús, kockára vágva

2 evőkanál avokádó olaj

½ csésze zöldbab, meghámozva és félbevágva

2 evőkanál limelé

1 csésze kókusztej

1 evőkanál rozmaring, darálva

Egy csipet só és fekete bors

Javallatok:

1. Melegíts fel egy serpenyőt az olajjal közepes lángon, add hozzá a húst és pirítsd 5 percig.

2. Adjuk hozzá a többi hozzávalót, óvatosan keverjük össze, forraljuk fel és főzzük közepes lángon további 35 percig.

3. A keveréket tányérokra osztjuk és tálaljuk.

Tápanyag-információ:kalória 260, zsír 5, rost 8, szénhidrát 9, fehérje 13

Csirkemell adagok: 4

Főzési idő: 20 perc

Hozzávalók:

4 csirkemell filé

½ teáskanál szárított oregánó

½ teáskanál fokhagymapor

Bors ízlés szerint

Főző spray

Javallatok:

1. Fűszerezzük a csirkét oregánóval, fokhagymaporral és borssal.

2. Permetezzen be olajjal.

3. Helyezze a levegősütő kosárba.

4. Levegőn sütjük 360 F-on oldalanként 10 percig.

Sertéshús chili cukkinivel és paradicsommal

Adagok: 4

Főzési idő: 35 perc

Hozzávalók:

2 paradicsom, felkockázva

2 kiló párolt sertéshús, kockára vágva

4 medvehagyma, darálva

2 evőkanál olívaolaj

1 cukkini, szeletelve

1 lime leve

2 evőkanál chili por

½ evőkanál őrölt kömény

Egy csipet tengeri só és fekete bors

Javallatok:

1. Melegíts fel egy serpenyőt az olajjal közepes lángon, add hozzá a medvehagymát és pirítsd 5 percig.

2. Hozzáadjuk a húst, és további 5 percig pirítjuk.

3. Adjuk hozzá a paradicsomot és a többi hozzávalót, keverjük össze, főzzük közepes lángon további 25 percig, osztjuk a tányérok közé és tálaljuk.

Tápanyag-információ:kalória 300, zsír 5, rost 2, szénhidrát 12, fehérje 14

Sertéshús olajbogyóval Adagok: 4

Főzési idő: 40 perc

Hozzávalók:

1 db sárgahagyma apróra vágva

4 sertésszelet

2 evőkanál olívaolaj

1 evőkanál édes paprika

2 evőkanál balzsamecet

¼ csésze kalamata olajbogyó, kimagozva és apróra vágva

1 evőkanál koriander, apróra vágva

Egy csipet tengeri só és fekete bors

Javallatok:

1. Melegíts fel egy serpenyőt az olajjal közepes lángon, add hozzá a hagymát és pirítsd 5 percig.

2. Hozzáadjuk a húst, és további 5 percig pirítjuk.

3. Hozzáadjuk a többi hozzávalót, összekeverjük, közepes lángon 30 percig főzzük, tányérokra rendezzük és tálaljuk.

Tápanyag-információ:kalória 280, zsír 11, rost 6, szénhidrát 10, fehérje 21

Lazac és kapor pástétom

Adagok: 4

Főzési idő: 0 perc

Hozzávalók:

hat uncia főtt lazac, csontok és bőr eltávolítása 1 evőkanál apróra vágott friss kapor

½ teáskanál tengeri só

¼ csésze kemény tejszín (felveréshez).

Javallatok:

1. Vegyünk egy turmixgépet vagy konyhai robotgépet (vagy inkább egy nagy tálat mixerrel), keverjük össze a citromhéjat, a lazacot, a tejszínt, a kaprot és a sót.

2. Turmixoljuk, amíg el nem érjük a megfelelő turmix állagot.

Tápanyag-információ:Szénhidrát 0,4 g fehérje; 25,8 g Összes zsír: 12 g

Kalória: 199 Koleszterin: 0,0 mg Rost: 0,8 g Nátrium: 296 mg

Chai fűszeres sült alma adagok: 5

Főzési idő: 3 óra

Hozzávalók:

5 alma

½ csésze vizet

½ csésze apróra vágott pekándió (opcionális)

¼ csésze olvasztott kókuszolaj

1 teáskanál fahéjpor

½ teáskanál őrölt gyömbér

¼ teáskanál őrölt kardamom

¼ teáskanál őrölt szegfűszeg

Javallatok:

1. Hámozzon meg minden almát, és húzzon le egy vékony csíkot mindegyik tetejéről.

2. Adja hozzá a vizet a lassú tűzhelyhez. Óvatosan helyezze fel minden almát függőlegesen az alja mentén.

3. Egy kis tálban keverjük össze a pekándiót (ha használjuk), a kókuszolajat, a fahéjat, a gyömbért, a kardamomot és a szegfűszeget.

4. Öntse a keveréket az almára.

5. Fedjük le a tűzhelyet, és állítsuk magasra. 2-3 órán át sütjük, amíg az alma megpuhul, és tálaljuk.

Tápanyag-információ:Kalória: 217 Összes zsír: 12 g Összes szénhidrát: 30 g Cukor: 22 g Rost: 6 g Fehérje: 0 g Nátrium: 0 mg

Ropogós barack adagok: 6

Főzési idő: 20 perc

Hozzávalók:

Töltő:

6 őszibarack félbevágva

1 evőkanál kókuszcukor

1 teáskanál fahéjpor

½ evőkanál vaj, kockákra vágva

Tömítés:

½ csésze univerzális liszt

½ csésze kókuszcukor

¼ teáskanál őrölt fahéj

¼ csésze vegán vaj, kockára vágva

Javallatok:

1. Adja hozzá az őszibarackot egy kis tortaformába.

2. Hozzákeverjük a töltelék többi hozzávalóját.

3. Egy tálban keverjük össze a feltét hozzávalóit.

4. Az öntetet rákenjük az őszibarack keverékre.

5. Levegőn sütjük 350 F-on 20 percig.

Őszibarack mártogatós adagok: 2

Főzési idő: 0 perc

Hozzávalók:

½ csésze zsírmentes: joghurt

1 csésze őszibarack, apróra vágva

Egy csipet őrölt fahéj

Egy csipet szerecsendió, őrölt

Javallatok:

1. Egy tálban keverjük össze a joghurtot, miközben az őszibarackot, a fahéjat és a szerecsendiót használjuk.

2. Felverjük, kis tálkákba osztjuk, és tálaljuk.

Tápanyag-információ:Kalória: 165 Zsír: 2 g Rost: 3 g Szénhidrát: 14 g Fehérje: 13 g

Sárgarépa keksz és tökmag adagok: 40 keksz

Főzési idő: 15 perc

Hozzávalók:

1⅓ csésze tökmag

½ csésze csomagolt apróra vágott sárgarépa (kb. 1 sárgarépa) 3 evőkanál apróra vágott friss kapor

¼ teáskanál tengeri só

2 evőkanál extra szűz olívaolaj

Javallatok:

1. Melegítsük elő a sütőt 180ºC-ra. Egy tepsit kibélelünk sütőpapírral.

2. A tökmagot aprítógépben őröljük meg, majd adjuk hozzá a sárgarépát, a kaprot, a sót és az olívaolajat a robotgépbe, és pürésítsük jól össze.

3. Öntse őket az előkészített tepsibe, majd spatulával téglalappá formázzuk a keveréket.

4. Béleljen ki egy sütőpapírt a téglalapra, majd egy sodrófával lapítsa el a téglalapot körülbelül ⅛ hüvelyk vastagságúra.

5. Távolítsa el a bélelt sütőpapírt a téglalap tetejéről, majd éles késsel vágjon 40 kis téglalapra.

6. Helyezze a tálcát az előmelegített sütőbe, és süsse 15 percig

percig, vagy amíg meg nem pirul és ropogós nem lesz.

7. Tegye át a kekszet egy nagy tányérra, és tálalás előtt hagyja néhány percig hűlni.

Tápanyag-információ:(4 keksz) kalória: 130; zsír: 11,9 g; fehérje: 5,1 g; szénhidrát: 3,8 g; rost: 1,0g; cukor: 0g; nátrium: 66 mg

Avokádó krumpli adagok: 8

Főzési idő: 10 perc

Hozzávalók:

2 avokádó, csíkokra vágva

Száraz keverék

½ csésze zsemlemorzsa

½ teáskanál hagymapor

1 teáskanál fokhagyma por

½ teáskanál paprikapor

½ teáskanál kurkuma por

Nedves keverék

½ csésze liszt

½ teáskanál paprikapor

½ teáskanál kurkuma por

½ csésze mandulatej

1 teáskanál forró szósz

Javallatok:

1. Egy tálban összekeverjük a száraz keverék hozzávalóit.

2. Egy másik tálban keverje össze a nedves keverék hozzávalóit.

3. Minden avokádócsíkot mártson a nedves keverékbe, majd fedje le a száraz keverékkel.

4. Tegye a légsütő kosarába.

5. Süssük légsütőben 5 percig.

6. Fordítsa meg és főzze további 5 percig.

www.ingramcontent.com/pod-product-compliance
Lightning Source LLC
Chambersburg PA
CBHW070409120526
44590CB00014B/1319